雑談の
苦手が
ラクになる

会話のきっかけレシピ

枚岡治子

大月書店

はじめに――コミュニケーションは、まず「自分とのつきあい方」から

「なにげない雑談が苦手」「顔見知りくらいの関係だと、何を話していいかわからない」「仕事の時間より、休憩時間が苦痛」「何かしゃべらなきゃ、とあせってどっと疲れる」……このような悩みをお持ちの方、多いと思います。

私もそうでした。そして私の場合、それをスパッと解決はしなくても、かなりラクにしてくれたのが「会話のきっかけレシピ」です。

「会話のきっかけレシピ」とは、「なにげない雑談」を集めたものです。友だちや周囲の人たちに、たとえば「駅から会社へ行くときに顔見知りと一緒になったら、あなたなら何をしゃべる？」、「『雨降ってますね』と声をかけられたらなんて答える？」などと聞きまくり、「料理のレシピ」に見立ててファイルしていったのです。集めることによってたくさんの発見があり、「レシピ」は「何をしゃべったらいいだろう」という焦りをやわらげる、私にとっての「お守り」となりました。

しかも「人から集めて実行」を繰り返すことで、単なるお守り以上の力を発揮したのです。

コミュニケーションは相手あってのことなので、当然「相手の気持ちを推し量る」「共感・思い

やり・気配り」などが必要になります。でも、「レシピ」を実行してよくわかったのですが、「コミュニケーションは、まず自分とのつきあい方から」なのです。自分の悩みを整理し、自分の傾向を把握する。そして、無理をしない。自分とうまくつきあえるようになって、初めて他人への気配りといったことに目を向けられるのです。「レシピ」は、そういうことも気づかせてくれました。

この本では、そんな「会話のきっかけレシピ」ができるまでのいきさつ、実物、発見について書きました。

ひとくちに「話す」とか「雑談」と言っても、人が思い浮かべるイメージはさまざまですので、辞書を引いてみました。

●話す：声に出して、事柄や自分の考えを伝える（説明する）。
●しゃべる：「話す」の口頭語的表現。
●おしゃべり：（肩の凝らない話題で）人と雑談をすること。また、その雑談。むだ話。
●雑談：はっきりした目的もまとまりも無い話（を気楽にすること）。
●会話：（日常生活において）意思の疎通を図ったり用を足したりするための話のやりとり。

（『新明解国語辞典　第5版』）

この本で扱っているのは、「意思の疎通」や「目的のある」話ではなく、「雑談」と呼ばれるはっきりした目的のない話です。さらにそのなかでも、雑談の冒頭部分にあたるような、まだ相手のことを深く知らなくてもできるような内容についてなので、会話の「きっかけ」というタイトルにしています。

いま、世の中には「雑談」の本がたくさん出ています。「もっと雑談上手になりたい」「気の利いた話題が話せるようになりたい」といった、「目的」がはっきりしている方には、この本は向いていないかもしれません。「内容が当たり前すぎる」と思われるかも。

むしろ、そんな「当たり前の基本すぎることだからこそ、他の雑談本では省略されている」部分を、この本ではていねいに書きました。人といるときにとても緊張してしまうとか、対人関係でぎこちない感じになってしまうといった方々が、この本で「会話のきっかけ」のカードを増やして少し気持ちがラクになったら……そして、自分のしんどさがどこから来ていて、どうしていきたいかを整理できたら、これ以上の喜びはありません。

もくじ

はじめに――コミュニケーションは、まず「自分とのつきあい方」から……3

第1章●みんな何をしゃべってるの!? 対人関係に悩んだ日々……9

1 0か100かの学生時代……10
2 ちょっとした工夫で自信が持てた就活時代……17
3 失敗続きで地獄の会社員時代……20

第2章●そうだ! 雑談を集めてみよう……27

1 善意のアドバイスで、ますます追い詰められる……28
2 雑談を集めはじめる……31
3 「会話のきっかけレシピ」の誕生……35
4 発表と、人生最大の反響……40

第3章●日常シーンごとの私の「レシピ」……47
1 紙とペンがあればできる「レシピ」の集め方……48
2 場面ごとの「レシピ」例……51
【シチュエーション❶】行き帰りに会った……52
【シチュエーション❷】休憩時間……56
【シチュエーション❸】オフィスにて……60
【シチュエーション❹】一緒に待っている……64
【シチュエーション❺】会社へ戻るときに会った……68
【シチュエーション❻】一緒に軽作業中……72
【シチュエーション❼】飲み会にて……76

第4章●悩みとヒントが「見える化」された……83
1 背負いこんだ荷物を少しずつおろす……84
2【レシピ前／第0段階】悩みを背負いすぎて身動きできない！……85
3【レシピ後／第1段階】「レシピ」を集める……89
4【レシピ後／第2段階】「レシピ」の実行……95

第5章●会話のきっかけにも「きっかけ」があった……101
――なぜ、「まずは笑顔・あいさつ」と言われるのか？
1【レシピ前／第0段階】レシピ前に持っていたカード「あいさつ」と「微笑」……102
2【レシピ後／第1段階】「レシピ」収集と「図解」の作成……104
3【レシピ後／第2段階】実践と顔・体の自主トレ……110
4【レシピ後／第2段階】必要性が「腑におちる」――「準備ＯＫ」のサイン……117
5【レシピ後／第3段階】「イヤです」のサインもある！……120

第6章●「会話のきっかけレシピ」と歩く……131
1 自分に足りなかったもの……132
2 雑談とパソコンは似ている……143
3 私は「雑談上手」にはなれない……150

あとがき……157

会話のきっかけレシピ

第1章

みんな
何をしゃべってるの!?
対人関係に
悩んだ日々

1　0か100かの学生時代

◆カベでへだてられている初対面

「雑談が苦手」という人は、「初対面の人と話すときに困る」とよく聞くのですが、私は少し違います。初対面のときはわりと平気で、知り合って2〜3か月たったころがいちばんシンドイのです。それは子どものころからでした。

この章では、「会話のきっかけレシピ」を考えつく前、私の学生時代〜就職直後までの対人パターンをお話しします。

まずは学校から。

新学期、ほぼ初対面同士が集まる教室では、お互いがどんな人かまだわかりません。だから、イメージとしては**図1―1**のように、同じように心理的なカベでへだたって（隠されて）います。このころはまだマシなのです。カベの高さに大きな違いはありませんか

図1―1 カベ1

ら。

◆ 2〜3か月後のイメージ

それが、初対面から2〜3か月がたつと、知らないうちにほかの人たちはすっかりカベをなくしてうちとけているように、私には見えました。**図1―2**のような感じです。

あのカベはいったいどこへ？ どうやってなくしたんだろう？と思うけれど、私にはわからないのです。自分のカベだけが残っていて、みんなとは相変わらずへだてられているままだまって立ちつくしている。

そんな私を、母は気に病んでいたようで「そんなに〝澄まして〟たらみんなに嫌われるわ！」と叱り、小〜中学生のころは会う人会う人に「うちの子、しゃべらないでしょ？」と聞いていました。クラスメイトにも、小学校から大学まで通して「暗い」と言われつづけました。

親からは叱られ、人からは「暗い」と言われ、楽しそうなみんな

図1―2 カベ2

を見て「あんなふうにできなきゃいけないのに」というあせりがつのりました。やり方はわからないけれど、とにかく「しゃべらなきゃ！」「面白く話さなきゃ！」と思いこみを背負いこんでいきます。

◆ ０か１００か

では、すっかり無口で「ぼっち」だったかというと、そうではなかったのです。

思春期以降におちいったのは、「基本はずう～～っと黙っていて、〝この人はだいじょうぶ〟と思った相手には機関銃のようにしゃべる」という状態でした（図１―３）。

私は当時はやりのトレンディドラマとかバラエティ番組とかコイバナとかに見向きもせず（当時はインターネットがなかったので、ＴＶがみんなのいちばんの関心ごとでした）、ＦＭで洋楽を聴いて本ばっかり

図１―３ カベ３

読んでいたので、そもそもクラスメイトと共通の話題が少なかったのです。

が、自分の好きなものについてとか、「＊＊についてどう思うか」といった、頭を使って考えながら話すことについてはものすごくよくしゃべり、それはいまもあまり変わっていません。学校などで30～40人いると、なかにはひとりかふたりくらいは同じことに興味を持っていたり、どんな話題でも「うんうん」と優しく聞いてくれる人がいますので、そういう人にくっついていきました。

「この人はだいじょうぶ」というのをもう少し説明すると、「この人なら何をしゃべってもだいじょうぶ、聞いてくれる」と勝手に思ってしまうのです。だから相手がニコニコと話を聞いてくれたりして「この人はだいじょうぶ」と思いこむと、一気にカベをけやぶってグイグイ近づき、機関銃のようにしゃべる。そうでない人の場合は、何をしゃべってもいいわけじゃないのはわかるけど、では何をしゃべればいいのかわからない。だからずっと黙りこくっている。

ちなみにこの本の企画が決まったとき、高校・大学時代の友人にそのことを話すと、「枚岡は〝すごくよくしゃべる〟のに、会話で何を悩むの？」とふたりから同じことを言われました。彼女らは、私に「この人はだいじょうぶ」とくっつかれた人ですから、機関銃トークをする姿しか記憶にないのでしょう。

いまになってふりかえると、集団のなかではものすごく親密な関係のひとり～ふたりがいて、そのほかは「まったくの他人」状態で、あいさつもせず、用事でもないかぎりひと言も話さないままの人々というふうに分断されていました。

当時はこんなふうに俯瞰して見られなかったですが、これはとても息苦しい状態でした。

ふつうの授業や休憩時間のときはいいとしても、クラス全体やグループで取り組むイベントなどでは、私の、ひとり~ふたりだけの友だちもみんなにとけこみ楽しく参加していて、私はその輪に入っていけない。だから「何をしゃべってもいいわけじゃない」人たちのなかで、ひたすら石になっていました。遠足、運動会、文化祭、飲み会など、みんなが楽しみであろうイベントは苦行でした。

◆なんとかカベをなくしたい

自分なりに「しんどい」「このままじゃいけない」と思って、「まったくの他人」状態のクラスメイトたちにもどうにか話しかけ

図1-4 カベ4

ようとしたのですが、「カベのなくし方」がまったく思いつかず、うまくいきませんでした（図1―4）。

親しい友人がちょっと場をはずした、休みだった、まだ来ていない、という状況でほかのクラスメイトたちと一緒になったとき、思い切ってあいさつしてもスルーされる（ように思えました）し、話しかけてもなんだかイヤそう（に見えました）。

「とにかくしゃべらなきゃ」とあせるあまり、人に話しかけるとき、ものすごく緊張していました。この感じは、「遠くから憧れていた片思いの相手に、思い切って話しかけるときの緊張感」に似ています。小説や漫画で描かれる片思いの過剰な一喜一憂を読むと、「なんかこれ、自分みたいだな」とよく思いました。

必死で話しかけても相手がひと言「ああ……」というだけで会話が終わったり、何を話そうかと考えているうちに、けっきょくしゃべらないままだったりすると、もう相手に悪印象を与えたことは決まりだと思いこんで「話しかけないほうがマシだったんじゃないか」「明日からこの人と会ったときどうしよう」と思い悩みました。毎回毎回「アタック&思いこみの失恋」状態です。これは本当に疲れました。

毎日対人関係で悩むだけで1日が終わり、ついには「自分は見下されているのではないか」「いや、そうに違いない」などと思いはじめます。「まったくの他人状態」のクラスメイトが怖くなって、一緒になる場面を徹底的に避けるようになりました。顔を合わすのが怖いので授業開始ギリギリに教室へ行く、ドアを開けて教室に入るとすぐ後ろを向いて開けたドアを閉める、廊下はうつむいて走って通り抜けるなど……。

大学1年生のとき、対人恐怖や不安がひどくなって精神科に行きました。

先生は私の話を聞いて、「カナヅチの人間が、いきなりスイスイ泳げるわけはない。まずはしゃべる練習をしなさい」と言いました。「たとえば、夏休みどこ行くの？ と聞いてみるとか」と。

なるほど～、と思って実行してみたのですが、

「夏休みどこ行くの？」

「んーまだ決めてない」

「……」

「……」

てな感じで、さっぱり会話が続きません。

一方で、仲よくしている人とのあいだにもきしみが出てきます。

異様にしがみついてしまうのです。自分のことをわかってもらいたいと願い、ひたすら自分の悩みごとを話したり、べったりくっついて行動したがるようになったり。これでは相手もイヤになってしまいます。

大学生のときは「親友」だと思っていたふたりに粘着しすぎて絶縁宣言され、かなり落ち込みました。

なんとか親しい人に近づきすぎないようにしようと思っても、もっともっとと思う気持ちをコントロールできませんでした。一緒にいると相手に嫌われる。でもガマンして離れると寂しくてたまらない。「ハリネズミのジレンマ」状態です。

2 ちょっとした工夫で自信が持てた就活時代

◆顔を見てあいさつすることを覚える

クラスメイトのほとんどは大学を4年で卒業しましたが、私は大学院に進みました。院の研究室では、同級生がおらず、先輩と後輩だけ。先輩や後輩とは、「カベがあって当然」と思っていたのかもしれませんが、くっつきすぎたり離れすぎたりせずにすみました。

とはいえ、2年間の前期博士課程を終えると就職するつもりでした。でも、この就職活動が恐ろしくてしょうがなかったのです。

何が怖いって面接です。大学1年のとき、バイトの面接を受けたら「あなた暗いんです」と言われ、その場で落とされたことがありました。それ以来、怖くて面接を受けたことがありませんでした。

当時は就職氷河期。ふつうの学生でもそうとうきついことを言われると聞いていましたし、きっと人格を否定されるのだろうと思うと逃げたくなりました。

でも、この機会を逃すと、一生自分が社会性を身につけることはないと腹をくくったのです。リクルートスーツを着てセミナーに通っていると、自分はあいさつするときに人の顔を見ていないことに気づきました。

「第一印象が大事」「とくに、あいさつは大事」という知識はありました。これではいけないなと思って、コンビニなどで買い物をするときにレジの人の顔を見て「ありがとう」と言う練習を始めました。

意外とこれが効きました。

店員さんとは1回きりしか会わないので、「うまくできなかった……こんどからどうしよう」などと悩むことがありません。失敗を恐れずにトライすることができました。続けていると、相手も自分をちゃんと見てくれていることがわかりました。

自分をちゃんと見てくれているということは、話を聞いてくれるつもりがあるんだ……人は自分を見下してはおらず、対等なんだ！と思えたのです。

◆自信が出て浮かれる

会社の面接官の方とは、基本的に1回きりの出会いです。このあともつきあいが続くわけではないですし、その時間内だけ頑張ればいいので、自分にしては笑顔で明るく話すこともできました。

無事、1社だけですが、会社からも内定をもらえました。また、院生同士や就活で出会った学生同士など、ごく狭い世界でなら、これまでほど緊張せずに話すことができるようになりました。

ここで、私はかなり浮かれます。舞い上がると言っていいかもしれません。

就職先が決まったこともありますが、何より「自分は見下されていない」「もう人は怖くない、誰とでもしゃべれる」と思ったことにです。なにせ毎日、朝から晩まで悩んでいたのですから。

「人とうまくしゃべれない」ことを人に相談しても、しばしば「気にしすぎじゃない？」と言われていたので、自分でも「悩んでいたのは〝気のせい〟だった」と思いたかったのかもしれません。

浮かれすぎて、このあともっと大変な時期が来るとは思いませんでした。

3 失敗続きで地獄の会社員時代

◆誰に対してもグイグイ近づく

入社してすぐ、研修を受けていた時期は、同期の人たちに「枚岡さん面白い」などと言われて、めずらしく中心的なポジションにいたりしました。

が、日常が始まると、私はすぐつまずきます。

というのも……

確かに、（第5章でも扱いますが）あいさつをすると、カベは少し下がります。ただ、あくまで「少し」下がるのであって、すっかりなくなるわけではありません。でも、私はこれで「あとは、いままでの友人たちと同じように仲よくできる！」と思ってしまったのです。

また、いままでは「相手に興味を持っていなかった」とい

図1−5 カベ5

う反省点から、「相手に何かしら興味を持って話しかければ、にこやかにフレンドリーに近づけば、〝誰でも〟受け入れてくれる！」と、思いこんでしまいました。

でも、対人関係には実にいろんな要素があって、「あいさつをしてちょっとしゃべる」くらいで、すべての「いろんな個性・考え方を持った」人とのつきあいがうまくいくわけではないのです。なのに「対人関係の悩みは氷解！」と勘違いしてしまいました。

それでどうなったかと言うと、これまでは皆から「逃げ回って」いたのが、こんどは誰に対しても「カベをけやぶってグイグイ近づく」ようになりました（**図1―5**）。

「興味を持ってるんだから！」と、相手の趣味の話題にどんどん問いを投げました。でも、けっきょく「自分の興味のあるところ」について聞くだけなので、相手からすると話しやすいとは限らないようでした。盛り上がることもあったけれど、多くの人はむしろ「自分の趣味や属性から、強引に枚岡自身の話題に持っていかれてる？」という困惑があったのではないかと思います。たとえば哲学が好き、という同期の人に「○○君って哲学好きなんでしょ？　じゃあ『真実の私』と『実際の私』と『現実の私』の違いについて教えてくれ（ホントにこのとおり、ニコニコしながら妙に親しげに言いました）」と聞いて、「哲学ってそういうものじゃないんだけど」と困らせたりしました。

◆ふたたび自信をなくし、寡黙になる

こんな感じで、自信を持ってグイグイ近づいていった結果、どうなったか。

とにかく「変わってる」とむちゃくちゃ言われました。みんなが話しているところで私が発言する（または行動する）と場がシーン……「枚岡さんって、変わってるね」と言われる、といったことが多発しました。

「変わってる」は「暗い」と同様、以前から言われていたけれど、就職直後が人生でいちばん「変わっている」と言われた時期です。

会社の上司からは、「枚岡さんがいると、みんなが気を遣うでしょ。ほら標準分布がこうあるとすると、あなたはこのへんにはずれてるじゃない」とまで言われました（よほど業務に支障をきたす変わり者だったのでしょうか。自分ではわからなかったのですが）。

図1―6 カベ6

そんなわけで、入社半年もしないうちにふたたび自信をなくしてしまい、「人が怖い。とくに〝顔と名前を知ってるだけ＝顔見知り〟が怖い」に逆戻りしました。

こんどは前よりもっとキツイです。「もうだいじょうぶだと思ったのに、やっぱりダメだった」なのですから。

「カベをけやぶる」のはどうもダメらしい、というのはうすうす気づきましたが、それ以外の方法は持ち合わせがなく、ふたたび顔見知りの人は「まったくの他人」くらい遠ざけてしまいました。相変わらず親しい人にはしがみつき、こちらもコントロールできません（図1―6）。

◆なにげない雑談ができないと自覚

「やっぱりダメだ」と敗北感を引きずりながら、新人研修が終わり各部署に配属されました。配属先では、先輩がいっしょに昼ごはんへ連れて行ってくれました。

が、やはり脈絡のない質問や、内輪でしか通じないような冗談などが多かったようで、会話のなかで私が何か言うと妙な雰囲気になったり、「え……？」「知らんわ」などといった反応が多く、ランチタイムはだんだん気まずくなっていきました（14ページ、**図1―4**参照）。

覚えているのは、こんな出来事です。朝イチのミーティングで「仕事で使うプログラムに、パッチ（修正プログラム）を当てる」という話題が出たときに、上司が「この暑いのに、パッチ、パッチって」と言って皆が笑いました。大阪では「パッチ」と言うと「ももひき」のことです。そのとき私は「必死のパッチ」（これも大阪では「頑張る」の意味で言います。阪神の選手がヒーローインタビューで言って有名になりました）という言葉が頭に浮かびました。

みんな朝の話題はとうに忘れたような昼休みに、私は（いまだ！）と満面の笑みで上司の席に近づき、「なんで〝必死のパッチ〟って言うんでしょうね？」と聞きました。上司の返事は……「知らんわ。悪いけど（笑）」。さすがに吐き捨てるような調子ではなかったですが、「なんやねんな、こいつ」という困惑のニュアンスです。まだ笑いながら言ってくれただけマシだったかもしれませんが、「そうですかぁ……」と一応笑いながら席に戻るとき、泣きそうだったのを覚えています。

ここでようやく、自分は「ほうれんそう（報告・連絡・相談）」といった仕事上の会話はできるけれど、「（顔見知り程度の人との）なにげない雑談」が苦手であると自覚しました。

◆境界線がわからない

職場では、親しい人よりも「顔見知り程度」の人が圧倒的に多いです。学生時代のように、「顔見知り程度の人はまったくの他人と同じ」のままだと、非常に仕事がやりにくいのはわかりました。

そうするとこんどは、完全な他人と、「顔見知り程度」の人との境界線がわからない。

私が入ったのは、ひとつの社屋に数百人と人数が多い会社でした。同じフロアに数十人がいます。となると、朝いったい誰にまであいさつすればいいのか？　勤務中、知っている人とすれ違ったときどうすればいいのか？　判別がつかなくて「あー、いま、あいさつしなきゃいけなかったのに黙っていた……」「しゃべらなかった……」と思うことが多すぎて、へとへとになりました。

◆人が怖い、でも逃げるのに疲れた

そこでまた、顔見知りの人を避けて、逃げ回る生活が始まります。昼休憩は、トイレに行くふりをして時間差をとり、ひとりで皆と会わないようなところへ行きました。同様に、会社の行き帰り、更衣室、休憩室、飲み会……顔を合わせそうなところへは同じ時間に行かないようにします。

逃げるのは簡単だと言う人がいますが、そんなことはありません。非常に疲れます。罪悪感を持っていればなおさらで、「また逃げてしまった」と後ろめたさや気まずさは雪だるま式にふくらんでゆきます。

逃げずにすませられたらどんなにいいかと思うけれど、相変わらずカベをなくす方法がわからないのでした。

カベと言ってわかりにくければ、ハードル走です。みんなはハードルをちゃんと飛び越えて走っているのに、自分はハードルを蹴倒すしかできない。蹴倒すとルール違反なのはわかったし、もう挑むのは怖いから迂回して走るような感じです。さっさと飛び越えられたほうが、早く進めるに決まっています。いったいどうやれば、ハードルを飛べる（＝カベがなくなる）のか……？

会話のきっかけレシピ

第2章

そうだ！
雑談を集めてみよう

1 善意のアドバイスで、ますます追い詰められる

普段の生活でも、テレビでも、「なにげない雑談」をかわしている人たちを、遠目に見て憧れてきました。

決して、すごく盛り上がっている必要はないんです。立ったままで、歩きながら、何か二言三言話して「ははは」と笑っている人たち。小説やドキュメンタリーで「(登場人物は)どこにでもいる平凡な○○のように見える」などと説明が入るようなシーン。そんなに「平凡」な行為なのか!

いったい何をしゃべっているのか、自分には外国語のようにしか聞こえませんでした。

さて、第1章で書いたように悩んでいた時期、自力だけで解決できないのもわかっていたので、人様の意見も取り入れようとしました。新聞の「人生相談」を読んだり、仲のいい友人をはじめ人に相談したり。当時はインターネットがなかったので、活字を読むか直接人に相談するしかありません。

目や耳に入ってくるアドバイスは、みんな抽象的な精神論や心がまえばかりでした。

新聞の人生相談には、人とうまく話せないという相談が定期的に載っていました。当時多かっ

た回答は、「まずは『聞き上手』を目指してはどうでしょう？　自分の話を一生懸命聞いてくれたら、相手は好感を持ってくれるはず」「まずは笑顔が大事」など。

が、ひと言もしゃべらない自分に、そもそも話しかけてくれる人はいませんでした。聞く以前に会話が始まらないのです。複数人でしゃべっているときに、必死で人の言葉に耳を澄ませ、首をがくがくさせてうなずいたりもしましたが、言葉を発しないかぎり、やはり話に入ってゆけないのです。

笑顔が大事というのはよく聞く言葉で、頭でわかってはいましたが、失敗に失敗を重ね、「またうまくいかないのではないか」という恐怖と緊張でいっぱいだったので、顔がこわばって笑うどころではありませんでした。

直接、人に相談すると、返ってくる言葉はこんな感じでした。

「難しく考えすぎ」「気にしすぎ」「そんな、〝みんな〟と仲よくできなくたっていいじゃない」「開き直ったらええやん」

かといって、会社で「難しく考えず」しゃべってみたところ、変人扱いの嵐だったのは第1章に書いたとおりです。「自分が思っているほど、周りはあなたのこと気にしていない」という言葉も自分には当てはまらないと感じたものです。

「みんなと仲よくできなくてもいいじゃない」と言われるたび、「自分の言いたいことが通じていない」という絶望感に襲われました。当時は俯瞰して見られなかったけれど、私は両極端な状態でしか人と接することができず、いわば、「いまにも窒息しそう」な感じだったのです。息がしたいのです。でも相手は息なんかできなくたっていいと言う（ように聞こえました）。水を張った洗面器に首根っこつかまれて顔を突っ込まれているような窒息感が、まったく伝わらない。「開き直る」というのも、ある程度できるから開き直れるのであって、当時の私には無理でした。

ストレスで調子を崩して行った内科や精神科のお医者さんによく言われたのは「あなたは弱い」「もっと強い心を持って」でした。「強い」の「弱い」のという言葉は抽象的すぎて、どうすれば「強く」なるのかまったくわかりませんでした。

これらの言葉に振り回されるうちに、善意のアドバイスが「いまのままのお前じゃ受け入れられないから、変われ」「性格を変える努力をしろ」というメッセージに聞こえてきました。

変わらなきゃとあせる私を不憫に思ったのか、「変わらなくていい」と言ってくれる人もいました。それは涙が出るほどうれしいけれど、本当にいまのまま、変わらないでつつがなく生活していけるかというと、やっぱり無理だったのです。

変わるとは、私には「いまの自分を否定する」ことに思えました。自分を否定するのは、そう簡単にできることではありません。

たぶん、人様のアドバイスに期待しすぎだったのでしょう。返ってくる言葉にがっかりするたびに、「もっと強く」や「前向き」「努力」「乗り越える」といった精神論が大嫌いになりました。「どうせ自分は、前向きに努力できてませんよ」みたいな感じです。

こうやって、勝手に期待しては勝手に追い詰められ、人間不信を深めていきました。

2 雑談を集めはじめる

◆自分の会話をメモ

あるとき、新聞の人生相談でこんな記事を見つけました。「自分はひとりだ」と思いこんでしまっている相談者に、ノートに毎日「これまでに自分がしてもらったこと」というのを思い出しては書きつづる、そうして見つめ直すと案外自分はいろんな人に支えてもらっているのがわかる……という回答です。たぶん、「内観療法」と呼ばれる心理療法の考え方だと思います。なるほど、これのアレンジでやってみようかと思い立ちました。

私だって、人が言うように「気にしすぎ」なのかも。毎日「何をしゃべったか」紙に書き出せば、これだけしゃべってるじゃないかと安心できるのでは？

やってみましたが、さらに落ち込む結果になりました。ホントーにひと言も、業務上必要なこと以外はしゃべっていない日が続いたからです。

「やっぱりしゃべってない……」

◆他人の会話もメモすれば、ネタが増える？

そのとき、ふとひらめきました。

「いっそ自分がしゃべってないなら、ほかの人の雑談を書き出せばいいのでは？」

それからは周りの雑談に耳をすませて、仕事の休憩時間や帰宅後にイラスト付きでメモしました。絵を描くのが好きだったからというのもありますが、昔から言葉だけでなくイラストを一緒に描いたほうが、記憶に残りやすかったのです。

最初の数年は、人の雑談を聞いても「ありきたり」とか「気が利いてる」とかいうような評価もまったくわからないので、何の優劣づけも取捨選択もしませんでした。

だから、会話を集めたノートには、

「忙しい？」「もう、へろへろよ」

「連休は家族サービスですか？」「あぁ～～」「もっとうれしそうに返事してくださいよ」

こんな雑談がいっしょに並んでいます。

多くの方は、前者は非常にありきたりで、後者はちょっと「面白い」と思うようなのですが、私にはそんなこと全然区別がつきませんでした（結果的に、この「評価せずに何でも集める」がよかったのだと思っています）。

ある程度集まったところで、これをどういう場面で使えるか、どんな相手なら使えるか、短い時間で終わるのか長い時間続くのか、などとシミュレーションしてみたら自分の参考になるのでは？と思いつきました。

◆友人たちにも聞きまくる

他人の会話ですから、全部聞き取れるわけではありません。Aさんがこう言ったけど、話しかけられたBさんはなんと答えたか、聞き取れなくてメモには返事の吹き出しが「？」のままになったものもいくつかありました。

まれに、自分が声をかけられたこともメモに残っています。職場で、同期の人が自販機でタバコを買っているところに私が通りかかったら、彼は「タバコ、やめられへん」と頭をかいていたことがありました。明らかに「雑談」をしかけてくれたのに、まったくなんと答えていいかわからず、「ふ…ふ〜〜ん」くらいの返事をしてしまったと思います。これもメモでは返事が「？」になりました。

もちろん私がこれらの「？」を、自力でヒネリ出せるわけもありません。親しい友人に聞いてみることにしました。

このことが、自分に「風穴」を開けることになりました。ひとりではとうてい思いつかない新鮮な意見がどんどん入ってきます。

まずは、口頭で「『～～』と話しかけられたら、なんて答える？」と友人たちに聞きました。すると、かなりの高確率で「場合による」「相手による」という返事が返ってきました。

そうか！　毎回必ず同じ返事じゃないんだ。要素によっていろいろ変えているんだ。

そこで、こんどはもう少し具体的に、実際にあった場面のイラストを添えて「これはこういう場面です。こんな声かけがあったらどう答えますか？　相手が目上の場合、同じ立場または目下の2通りで答えてください」としてみました。

すると、みんないかに面白いことを言おうかと考えはじめ、大喜利のようになってしまいました。こんなわかりきったことをわざわざ聞いてくるからには、何かひねったことを言わねば、と思うらしいのです。**いかに、日常的な雑談が「彼らにとっては当たり前すぎる」ことなのかを、思い知りました。**

ですので、「変にひねったり面白いことを言おうとせずに、ごくごくありきたりのセリフにして」と付け加えなければなりませんでした。面白いこと、つまり冗談を言うのは、すでに失敗を重ね変人扱いされていたので、私には実践する自信がなかったのです。

それでようやく、雑談初心者の私にも使えるような、ごく初歩的な会話が集まりはじめたのです。

3 「会話のきっかけレシピ」の誕生

◆賛同を得る

こうやってたずね回っているとき、友人が「ご近所さんと〝なにげない会話〟をするのが苦手。でもいまは〝手持ちのカード〟が増えたからなんとかなる」と言うのを聞いて、「手持ちのカード」という言葉がすごくいいな、と思いました。

集めたセリフを「手持ちのカード」としてストックしてゆけば、人と一緒にいるとき少なくとも「何をしゃべったらいいだろう」と悩まなくてすむ。そうすれば緊張が少しマシになるはず！これはもしかしたら、同じように悩んでいる人にも役に立つのでは？

何より、こうやって書きとめたり、人に聞いたりする作業は、私にとってまったく苦痛ではありませんでした。自分を変える――つまり自分の性格や価値観を否定したり、「弱い」の何だのとジャッジされたりする必要もありません。痛みを伴わずに悩みを軽減できそうなのがうれしくて、のめりこみました。

当時、私は引きこもりについての勉強会に参加していました。だんだん引きこもりだけでなく、「よろず生きづらさについて話す会」みたいになっていたのですが。その会で、この雑談集めを「雑談データベース計画」と名づけ、最近こういうことをやっているんだ、とみんなに話してみました。

わりと興味を持ってくれる人がたくさんいて、「よし、いっぱい集めてみよう」という話になったのです。

会のみんなで、まず「こういうとき何て言ってる？」といくつか雑談の場面をピックアップしました。そしてフォーマル（目上の人）とカジュアル（同じ立場〜目下）の2通りを紙に書いてもらい、ロール・プレイングふうに実際の状況を想定してやりとりしてみました。本当は、もっといろんなパターン（急いでいるときと時間があるとき、とか、このあと話を続けるか続けないか、とか）にも分けてみたかったのですが、難しいのでフォーマルとカジュアルだけにしました。現在、私が行っているワークショップの原形です。

ここでもいい効果がありました。**紙に書いてもらうだけでなく実際に話してやりとりしてみると、すごくイメージがしやすいのです。**ロール・プレイングのあとで、「こういうときって、〜だから」などと軽く説明するようなコメントを付け加えてもらえました。実際に演じてみることで、そのときに頭で考えていることを思い浮かべやすいのでしょう。それが私には、まったく未知の世界で「そうか！　なるほど！」と膝をたたきたくなることの連続だったのです（詳しくは、第4章で書きます）。

◆タイトルの設定

最初は「雑談データベース計画」としていましたが、「検索すれば出てくる」というようなマニュアルっぽいイメージにしたくなかったのと、雑談そのものよりも「きっかけ」が重要なことを痛感していましたので、「会話のきっかけレシピ」という名前に改めました。

どういうことかというと、ひとくちに「雑談」と言っても幅が広くて、話題そのものを指すと広くなりすぎてしまうのです。

たとえば、私の友人が「雑談って言うと、私は同世代の男の子には『おニャン子では誰が好きでしたか？』と聞くことにしてる。だいたい盛り上がる」と教えてくれたことがありました。確かにこれも「雑談」ですが、会うなり「おはようございます。おニャン子では誰が好きでしたか？」とは聞かないですよね。

「あいさつ」から、「おニャン子」にいたるまでの「助走」にあたる言葉のやりとりがあるはずです。私は会社員時代、まさにここが抜けていました。そして朝会った人にいきなり「おはようございます。○○さんはおニャン子では……」というような感じの話し方をして、みんなを戸惑わせていました。だからどうしても「きっかけ」にこだわりたかったのです。

◆選んだ場面

私は、いろいろ集まった雑談を眺めていて「こういう場面が苦手だな……でもみんなは何かひと言、二言しゃべっているようだ」と思うものを七つ選びました。

・仕事の行き帰りに会った
・休憩時間
・オフィスですれ違い
・何かを一緒に待っている
・外から戻ってきた
・一緒に軽作業中
・飲み会

「オフィスですれ違い」というのがなかなかわかってもらえなかったのですが、当時の職場では部屋と部屋を移動することがわりと多く、顔見知りとすれ違うことが多かったのです。そういうとき、何をしゃべればいいのか、無視するのはマズイのか、などと内心冷や汗をかいていました。

作っていくうちに、ある程度自分のなかでポリシーが固まってきました。

◆ポリシーの設定

● 雑談は料理と同じ。「これが正解!」というのはない。ただTPOはある。
● まずは自分がラクになるのが大事で、笑顔を作るのも、相手への思いやりも後回し。「会話のきっかけレシピ」はいわば「お守り」みたいなもの。
● 「会話上手」になるのではなく、「最低限これだけやっときゃなんとかなる」というごくありふれた会話を集め、ごくごく低いレベルを目指す。
● 「こういうのがいい」「よくない」という優劣をつけるとプレッシャーになるので、ジャッジメントはしない。料理のレシピのようにぜ〜んぶ並べてお好きなものを使ってもらう。
● 「コミュニケーションは素晴らしい」「友だちなんかいらない、孤独を恐れるな」といった価値観とは関係ないただのツールを作る。

4 発表と、人生最大の反響

◆たまったものを、ギャラリーで展示

いろんな人に見てもらうために、集まったものを「作品」という形でギャラリーに展示することを考えました。

設定した七つの場面を20センチ角ほどのイラストにし、それぞれ集めた声かけ・返事をひとつずつふきだしで囲んだものをマンガのように添えました。ふきだしは取り替えられるようにしました。というのは、集めている際に、私は致命的に「ＴＰＯに合わせた会話力」が欠けていると気づいたので、「このセリフはこんな場面でも・こんな相手でも使えるかな？」などとシミュレーションできるようにしたかったのです。

１回目の展示は、兵庫県にあったギャラリー兼カフェをお借りしました。「レシピ」というタイトルなので、イラストはお皿に貼り、ランチョンマットを敷いて、料理っぽく並べてみました。このレイアウトも好評でした。アンケートでは「とても面白かった、参考になった」「もっと続けてほしい」といった声をたくさんいただきました。

◆ネットで・紙で拡散

展示が始まる前、興味を持ってくれた人が、私にインタビューをしてWeb上で公開してくれました（現在は閲覧できません）。当時はまだSNSもなく、ようやくブログがぽつぽつ出てきたころでしたが、そのころ人気だった「はてなブックマーク」でずいぶん注目を集めました。いろいろとコメントをつけていただき、興味を持ってくれる人が多いのに驚きました。このときは正直、なぜこんなに反応があるのかよくわかりませんでした。

「会話のきっかけレシピ通信」という紙ベースのフリーペーパーも作りました（第2号と第4号を42〜45ページに載せています）。いまのようにどこでもネットにつなげるスマホやタブレットなどないので、Webより紙のほうがまだまだ見せやすい時代だったのです。

◆意外と仲間は多かった

このころ、私は会社を辞めてフリーのパソコンインストラクターになりました。おもなクライアントは若者の就労支援を行う施設でしたので、その施設のスタッフや関わりのある団体に「こういうことをしています」とフリーペーパーを見せて回ると、「これはいい」とビビッドな反応がありました。

無料　ご自由にお取りください。

会話のきっかけレシピ通信

第2号
2008.4

場面例　会社にゆくとき、同僚と一緒になり、下のように話しかけられた。

今日はあったかいですねー
?

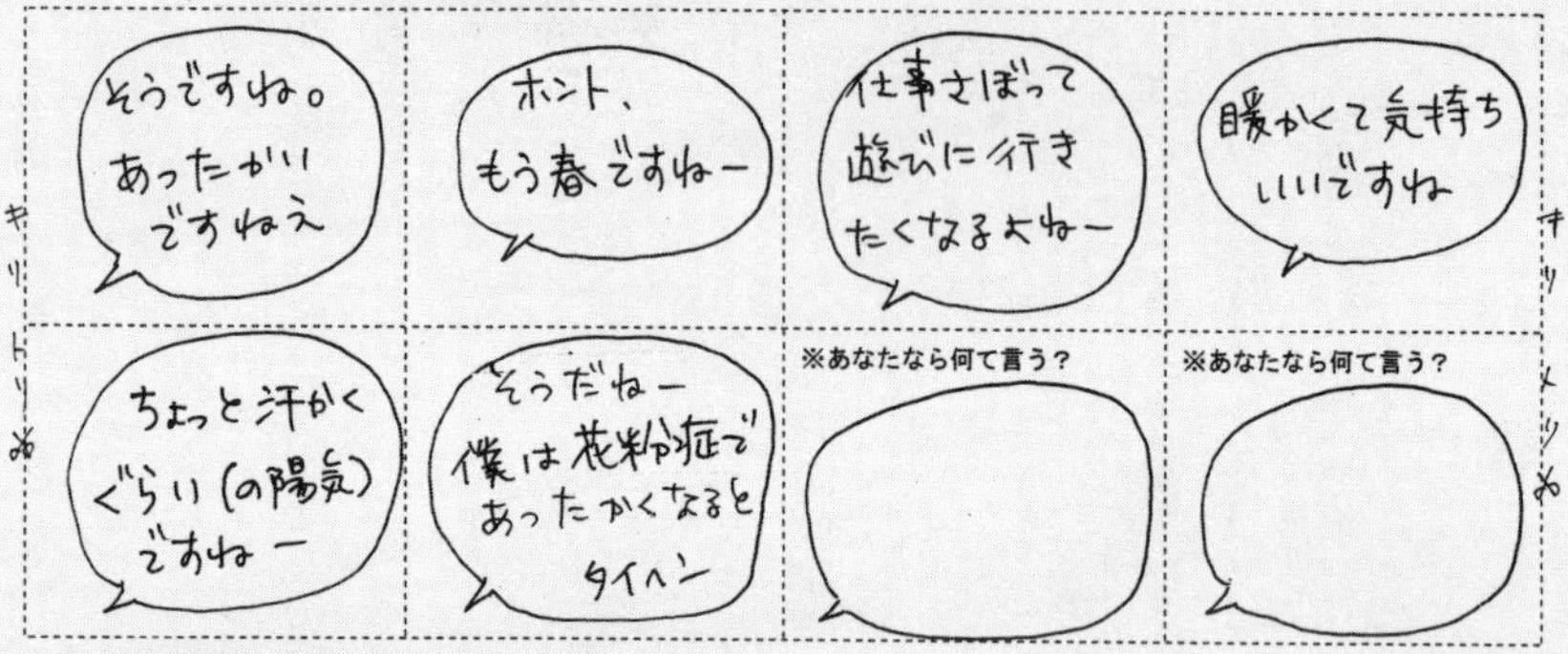
キリトリ
そうですね。あったかいですねえ
ホント、もう春ですねー
仕事さぼって遊びに行きたくなるよねー
暖かくて気持ちいいですね
ちょっと汗かくぐらい（の陽気）ですねー
そうだねー僕は花粉症であったかくなるとタイヘン
※あなたなら何て言う？
※あなたなら何て言う？

使い方

- セリフを切り取って[？]の上に置き、それぞれ違う「あいづち」をシミュレーションしてみる。相手との関係や性格をいろいろ想定してみて、せりふによって違和感がある・ないをシミュレーションしてみる。（目上・目下・親しい・顔見知り程度／喋るのが好き・寡黙なタイプ　など）
- 自分や周囲の人ならなんて言うか聞いて集めてみる。**（何も言わない、もアリ！！）**
- この場面で<自分から話し始めるなら何て言うか>も自分や周囲の人と考えて集めてみる。

→こうやっていくつも「会話のきっかけ」をストックしておけば、使いまわし出来て便利。

コラム：「最低限これくらいあったら何とかなる」

「会話のきっかけレシピ」は、話し上手になろう！とか、ビジネストーク・異性にモテる会話術を身につけよう！などというのとは趣旨が異なります。

むしろ、**人と喋るのが苦手な人が「極力喋らなくて済むためのもの」なんです。最低限このていど喋っておけば、あとは「あの人はああいう人（口数が少ない）だから」で見逃してもらえるよ**、という。

職場や学校などで人と喋るのは苦手だし、積極的に親睦をはかりたいとも思わないというのは別に悪いことではありません。かといって挨拶・用件以外は「まったく」「ひとっことも」話さないというのは色々弊害があります。いわゆる「ホウレンソウ（報告・連絡・相談）」というほどでなくても共有しておきたい話題が共有できなくなったりとか。

あと、周囲の人が気を遣うこともあるようです。「あの人は何を考えているか分からない」「もしや自分達を嫌っているのでは」などと。

それでお互いに気まずくなったり、「周囲に嫌われているのでは、イヤな思いをさせているのでは」と自分が不安になったりしないための、まあお守りです。会話が苦手で毎日が億劫な人が、お守りを持つことで少し気楽になってくれたら嬉しいです。

無料　ご自由にお取りください。

会話のきっかけレシピ通信

第4号
2008.12

★忘年会・新年会など　飲み会の席でのレシピいろいろ★ ２枚目もみてね

コラム：「自分のことばっかり喋る人」が、本当に「自分のことばっかり喋りたい」とは限らない

実に悲しい話ですが、こういうことは時々あります。なんかこの人、自分のことばっかり喋る人だなぁと思っていたら、実はその人は**「自分が喋って場を盛り上げなければ」**というプレッシャーで一生懸命喋ってくれていた、なんてこと。

私自身も、「とにかく何か喋らなければ」という強烈なプレッシャーから、**「とにかくなんか喋る→取り急ぎ思いつくネタは自分のこと」**となって、自分の話ばかりしたり、せっかく人が話し始めたのに「そうですよね、実は私も・・・」てな感じで強引に話をひったくってしまったりした苦い思い出があります。

「喋らなきゃプレッシャー」＞＞＞「相手の話をちゃんと聞く」になってしまっているのです。

本当は「相手の話にうまくあいづちを入れる」というのが一番いいのでしょうが、こういう心理状態ではとにかく沈黙がコワイのですね。そんな方々が、この「会話のきっかけレシピ」で「沈黙の恐怖・喋らなきゃプレッシャー」から少しでも解放されればいいなあと切に願います。

実は、就労に悩みを抱える人には「**業務自体はできるけど、休憩時間などはどうふるまえばいいかわからない**」という人が少なくなかったのです。別の場所でも展示してほしいと依頼をいただいて何度か展示もしましたし、講座やワークショップなども開くことになりました。アンケートには、「自分以外にも悩んでいるのを知って安心した」「いろんな人の考えを聞けてよかった」という声が寄せられました。マイナーチェンジを繰り返しながら、現在も続いています。

このように、いろんな場で「会話のきっかけレシピ」の趣旨を説明して協力を仰いでゆくなかで、「そんなことやって、何の役に立つの？」という反応は皆無でした。むしろ興味を持ってくれる人が多かったのです。「私も雑談が苦手！」という声も多く聞きました。

私は長いあいだずっと、ほかの人はこんなことで悩まないのだと思っていました。が、実はほかの人も見えないところで、ときには面倒くさく思ったり、ときには気まずい思いをしたりしながら試行錯誤していたのです。

できる人には当たり前のことかもしれませんが、人と人が関わるとき、みんなこんなにも心を砕いているのかと、本当に驚きました。

私はいかに他人に無関心であったか（どんな雑談をしているかさえわからなかった）、悩みはしても、人と関わるとき何に気を使えばいいのかわかっていなかったか、よくわかりました。

こうしてできあがった「会話のきっかけレシピ」を、次章でお見せします。

会話のきっかけレシピ

第3章

日常シーンごとの私の「レシピ」

1 紙とペンがあればできる「レシピ」の集め方

特別何か道具がなくても、紙とペンがあれば「レシピ」を出しあうことができます。ここで一例をご紹介します。

人数はふたりからでできます。あんまり多すぎてもやりにくいので、最初は2〜5人くらいでやってみるとよいでしょう。慣れたら10人くらいでもだいじょうぶ。多ければ多いほどレシピは増えます（かぶることも増えますが）。

ポイントは、三つです。

- 普段意識していない自分の心の動きを、意識・観察して、言葉にしてみる。
- みんなでシェアする。
- できるだけいろんな種類の「レシピ」や思いを出しあうために、どれがいいとかよくないといった評価はしない。

用意するもの

紙とペンとヒト。

3人以上になったら、進行役がいたほうがいい。

手順と注意点

❶ 会話するシチュエーションを決める。

❷ 「シチュエーション」とひとくちに言っても、実際にはいろんな要素で変わってくるので、会話する相手との関係性をある程度設定しておくと考えやすい。

私がやるときは、だいたい「相手が自分より年齢 or 立場が上」「年齢 or 立場が同じ・または相手が下」の2種類を書いてもらうことにしています。

あるいは、はっきりした関係性でなく「まじめバージョン」と「冗談バージョン」の2パターンを考える、「自分のことを話すバージョン」「相手のことを聞くバージョン」「それ以外」の3パターンを考える……などといった設定にしてみると、けっこう面白いかもしれません。

「冗談を言える場面・相手かどうか」「どこまで自分のことを話

すか（or相手のことを聞くか）」というのは、けっきょく相手との関係性によるところ大です。ですが、私もふくめ雑談が苦手な人は、この「関係性」をはかるのが苦手なことも多いようです。

❸ひとり1枚ずつ紙をくばり、「こんなとき自分ならなんて言うか」を書く。これが「レシピ」。

❹ひとりずつ、声を出して自分のせりふを言ってもらう。できればふたり1組になって、その人と実際に話す感じで（同じせりふでも、ペアを変えるとまた変わってくる）。

「こういう場面で心がけていること」などを、互いに話してみると大いに参考になる。

ふだんはわざわざ「雑談に集中」はしないので、あらためてやってみると「そう言えば」と気づくことも多い。それを意識して言葉にしてみる。

❺集まった「レシピ」の紙をぜんぶ貼り出して、みんなで眺めてみる。「これは自分にはちょっとムリ」「これは使えるかも」など、ほかの人の「レシピ」を見ていろいろ発見があるはず（全員分が

1枚の紙におさまるようにコピーするか、携帯で写真を撮ってオミヤゲにする)。

❻あとは皆でがやがやと「雑談のここが苦手」「自分はこういう工夫をしている」などとおしゃべりする。ちょっとシンドイけれど、ひとりずつ順番にしゃべってもらうとよい。ほかの人のテクニックを取り入れるだけではなく、「意外とみんな同じことで悩んでるんだな～」とわかるだけで、けっこうホッとする。

このとき、ほかの人の話を聞いて「そんなの、こうしたらいいじゃないか」などと思っても聞くことに徹して、アドバイスは求められないかぎりしないようにすると、みんなが自分の思っていることを口に出しやすくなる。

2 場面ごとの「レシピ」例

では、実際に私が集めた「レシピ」をシチュエーションごとにご紹介します。

レシピ例

話しかけられた場合

シチュエーション❶

行き帰りに会った

場面説明

朝、出勤するときに駅で同じ職場の人に会った。あいさつのあと「雨ですねえ」と向こうが話しかけてきた。

材料

天気・季節

ぽてのひとくちメモ

天気や季節の話がいちばん便利。帰り道に会ったのなら「私、ちょっと寄るところがあるので」とさりげなく別れるのもあり。

「知り合いを見かけても声をかけない」という人もけっこういました。

追い付かないという手もありますし、「私、ちょっと急いでるのでお先に」などというのもあり。

雨ですねえ。
そうですね。1日中降るんでしょうかね。
出口
出口

「雨ですねえ」と話しかけられた…
同じ返事でも調理法を変えて、
こんなふうにアレンジ

うっとうしいですね。
そうやな〜。
ほんまや。雨ですね。
ねえ。でも午後からはやむみたいですよ。
外出る気なくすなあ。
さいきん、雨多い（久しぶり）ですね。

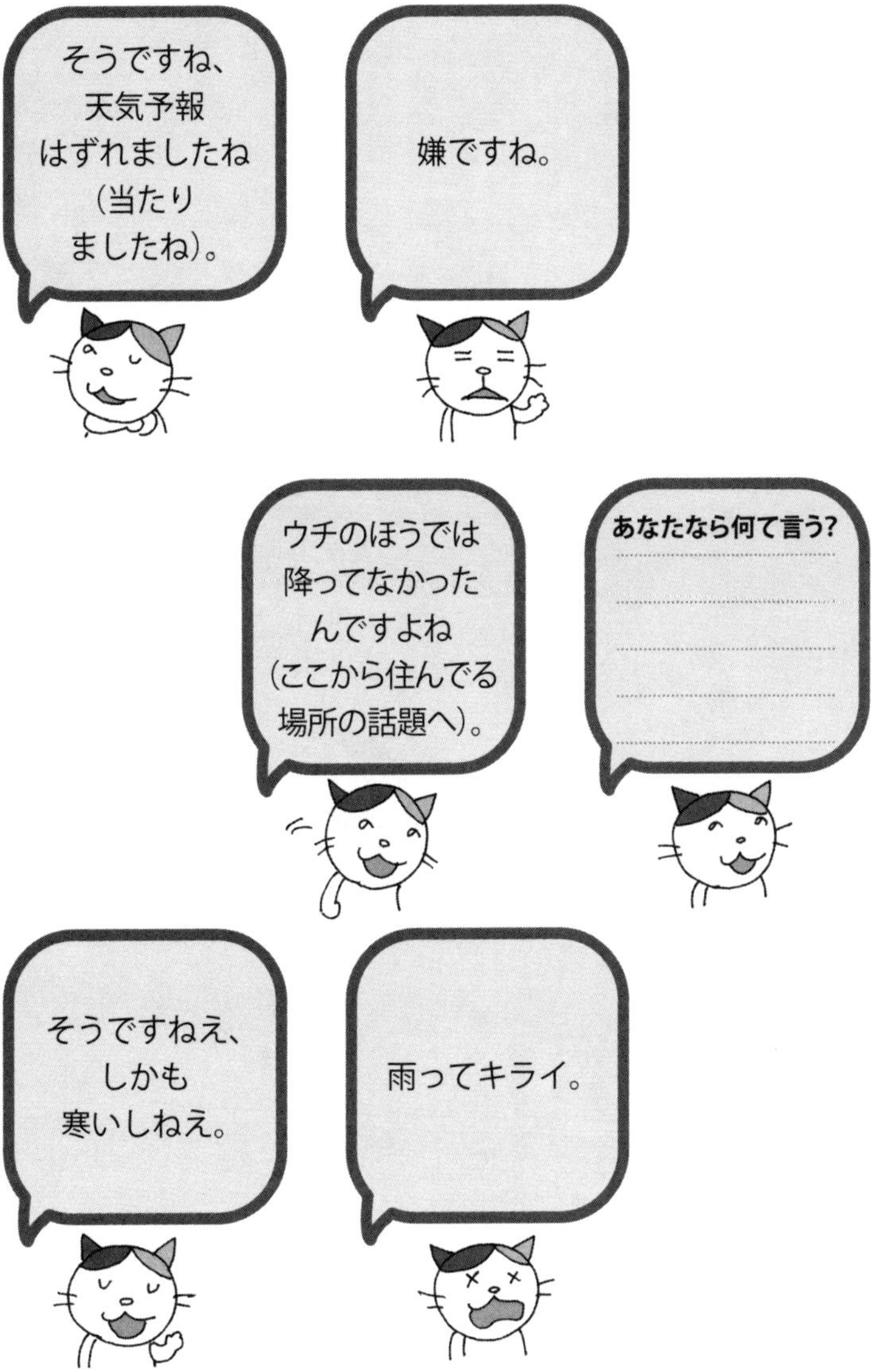
そうですね、天気予報はずれましたね（当たりましたね）。
嫌ですね。
ウチのほうでは降ってなかったんですよね（ここから住んでる場所の話題へ）。
あなたなら何て言う？
そうですねえ、しかも寒いしねえ。
雨ってキライ。

レシピ例

話しかけられた場合

シチュエーション❷

休憩時間

場面説明

休憩時間に休憩室で会った同僚に、「いくら寝ても眠いよ」と話しかけられた。

材料

健康（体調）

ぽてのひとくちメモ

休憩時間なので時間はある。だからテーマのある話もできるが、相手は黙って休憩したいかもしれないので様子をみる必要あり。

いまは、携帯電話が普及したので、いじっているフリをすればそんなに気まずくないのでしょうか。

たばこを吸う人は、喫煙室に集まって、「喫煙者トーク」をしているのを少しうらやましく思うこともあります。

そういうとき
ありますよね。
いくら
寝ても
ネムイ…
CoceCole
CoceCole
PUSH

「いくら寝てもネムイ」と話しかけられた・・・
同じ返事でも調理法を変えて、
こんなふうにアレンジ

毎日
忙しい
ですもんね。
昼寝の時間を
作ってほしい
ですねー。
自販機に、
眠気覚ましのもの
とか入れてほしい
ですね（そんなとき、
何か使ってます?）。
私もー。
寝ても寝ても
寝たいんよな。
何時間くらい
寝てるんですか？
夜寝るのが
遅かったり
するの？

眠気ざましのガムでもどうですか（とガムを渡す）。
疲れがたまってるのかもしれないですね。
寝すぎで眠いだけちゃうん？
僕も、いくら寝てもネムイんだよねー。
あなたなら何て言う？
春ですからね（その他季節ネタ）。

レシピ例

自分から声をかける場合

シチュエーション❸

オフィスにて

場面説明

同じフロアですれ違い（用事で自分の席を立ってよそへ行くとき、知ってる人の横を通りかかった、など）。

材料

いまの状況など

ぽてのひとくちメモ

相手は仕事の最中なので、あいさつ程度にとどめる。「お疲れさま」が便利。相手に通してもらう場合は「ちょっと後ろ（横）すみません」など。

私がいた会社は社員数が多かったですし、業務上いろんな部屋へ出入りする必要がありました。

そういうときすごく困ったので入れてみましたが、「あいさつだけでとくにしゃべらない」が多かったです。

ほかの社員さんは、「パンチ」と言って相手のおなかにパンチ入れてみたり（男同士の場合）、何やら冗談を飛ばしあったりしていましたが。私は現在では、ほぼすべて「お疲れさまです」でとおしています。お疲れさまは万能。

お疲れさまです
（あいさつのみ）。

オフィスにて・・・材料を変えて、こんなふうにアレンジ

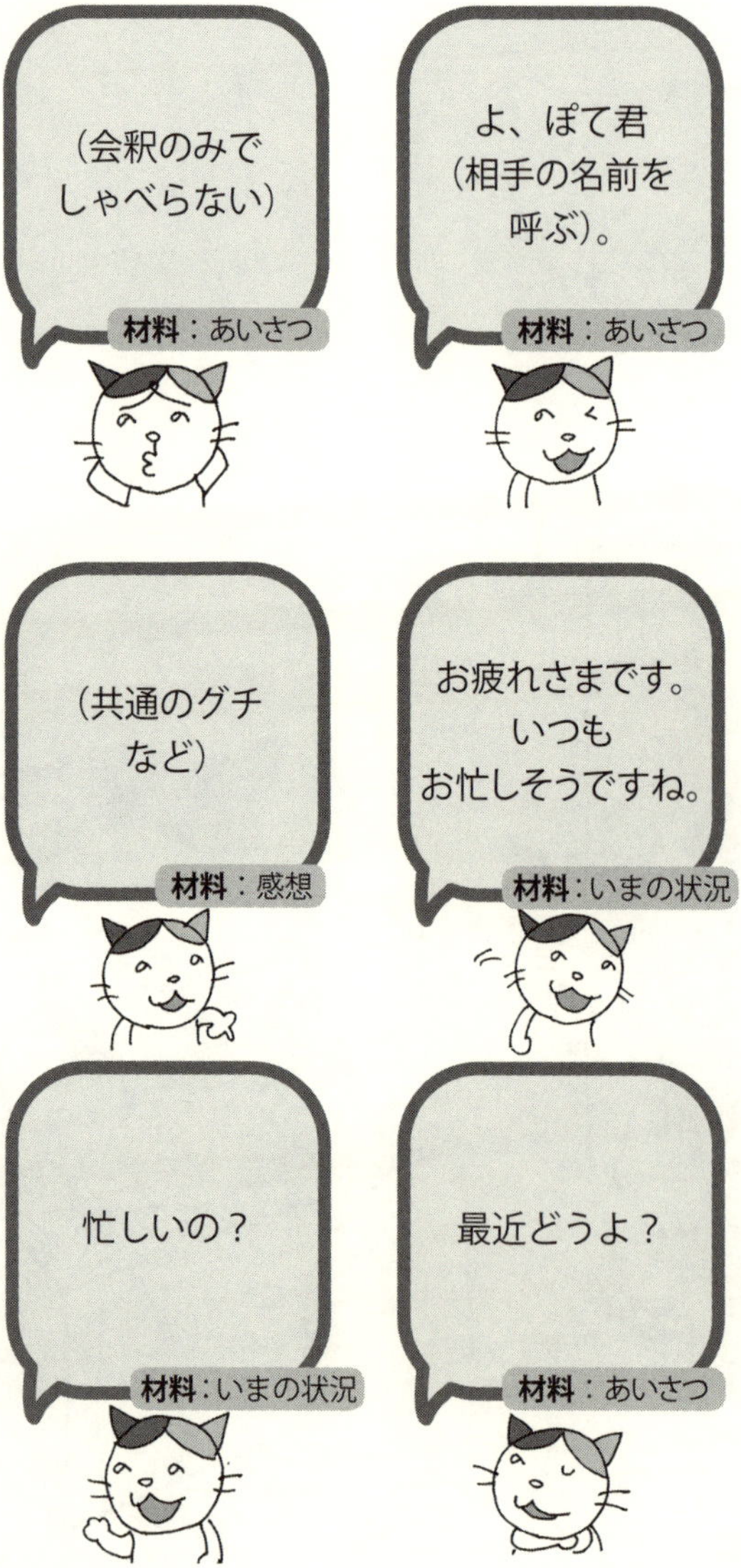
よ、ぽて君（相手の名前を呼ぶ）。
材料：あいさつ
（会釈のみでしゃべらない）
材料：あいさつ
お疲れさまです。いつもお忙しそうですね。
材料：いまの状況
（共通のグチなど）
材料：感想
最近どうよ？
材料：あいさつ
忙しいの？
材料：いまの状況

こんなとき便利な材料

いまやってること、あとでやること、あいさつ、好み

あなたなら何て言う?
まずは「こんにちは」と先にあいさつ。向こうからの声かけがあれば返事する。
材料：あいさつ
（仕事の話）～なんですけど、どうしたらいいですか?
材料：仕事
なんかいいことないの～？（仕事の愚痴など）
材料：あいさつ
（とくに話さない）

レシピ例

自分から声をかける場合

シチュエーション④

一緒に待っている

場面説明

エレベーターを待っていると、知ってる人と一緒になった。

材料

あいさつなど

ぽてのひとくちメモ

これはいろんな人から「レシピ」を収集したとき、「あいさつのみでしゃべらない」と答えた人が多かったです。

一緒に待っている――エレベーター、共有のコピー機、プリンターなど。

この「エレベーター」が、ダントツに「私も困る!」と多くの共感を得られました。ほかの人も気まずく思ってるんだな、と思うだけで少し気がラクになりましたが……。

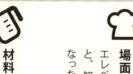

遅いなー
(早いなー)。

一緒に待っている…
材料を変えて、こんなふうにアレンジ

お疲れさまです。
材料：あいさつ
最近
肩こってて～。
材料：体調
・何階に行くんですか？
・＊＊に行くんですか？
（相手が行く場所がわかってる場合）
材料：予定
このあと、
お忙しいんですか？
材料：予定
今日は、
早く
仕事終わりそう？
材料：予定
お、そのバッグ、
＊＊＊（ブランド）
ですか？
材料：感想

こんなとき便利な材料
相手の様子・予定・持ち物
感想、あいさつ、近況など

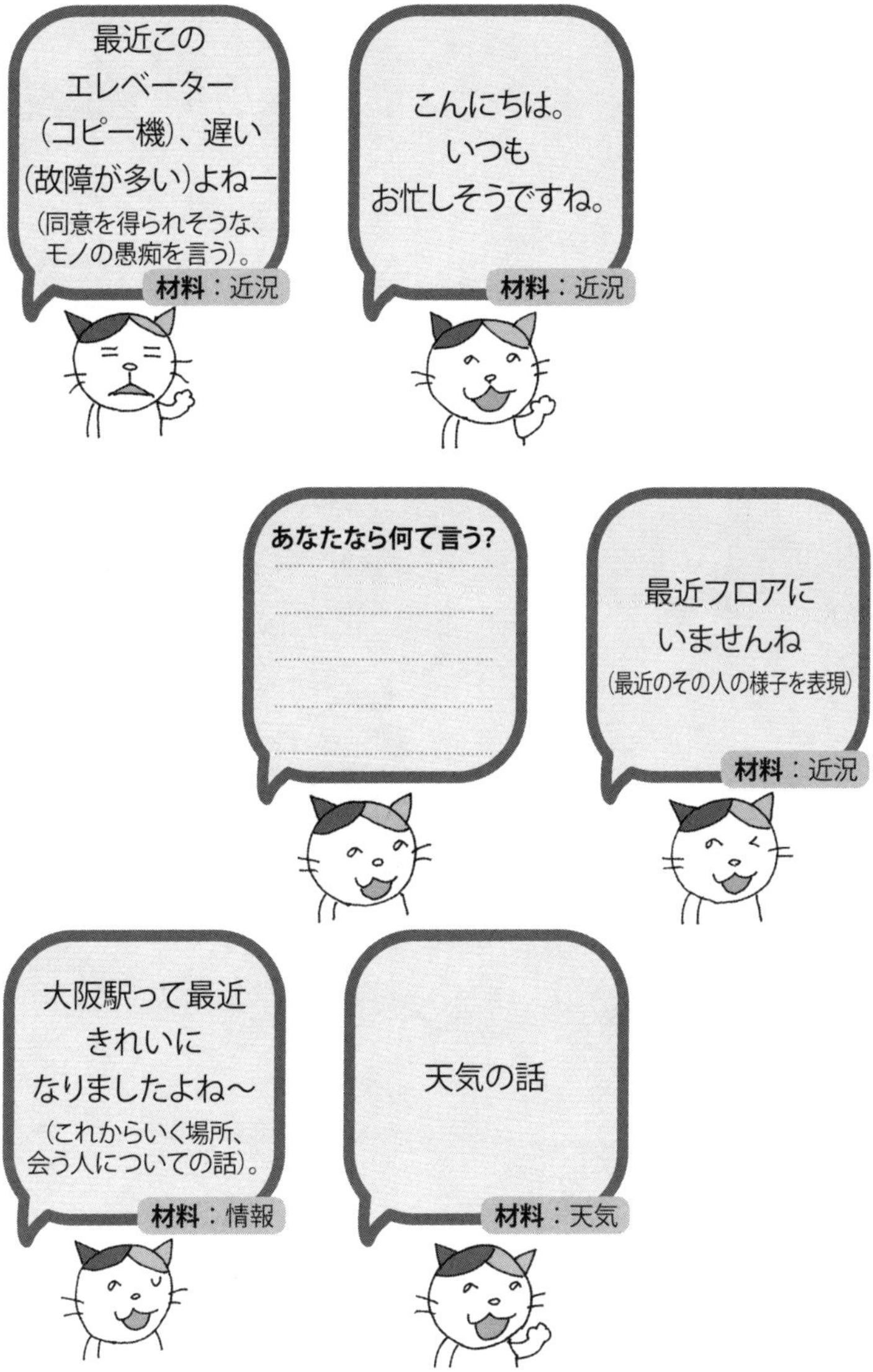
最近この
エレベーター
(コピー機)、遅い
(故障が多い)よねー
(同意を得られそうな、
モノの愚痴を言う)。
材料：近況
こんにちは。
いつも
お忙しそうですね。
材料：近況
あなたなら何て言う?
最近フロアに
いませんね
(最近のその人の様子を表現)
材料：近況
大阪駅って最近
きれいに
なりましたよね～
(これからいく場所、
会う人についての話)。
材料：情報
天気の話
材料：天気

レシピ例

自分から
声をかける場合

シチュエーション5

会社へ戻るときに会った

場面説明

昼ごはんを食べて戻ってくるときに、知ってる人と一緒になった。これから戻る場所は同じ（その他、外出から戻るなど）。

材料

いまやっていたことなど

ぽてのひとくちメモ

これも「レシピ」収集で「あいさつのみでしゃべらない」と答えた人が多かった場面です。

これは、「昼休みで外に食べに出たあと、戻ってくるとき」を想定しています。勤めていた会社では社屋の真ん前に横断歩道があり、信号で顔見知りの人と一緒になることが多々ありました。「朝、あいさつしたしな……どうしよう……」などと、真剣に悩んでいました。

＊＊さん
今日、何
食べました？

外から戻るときに会った…
材料を変えて、こんなふうにアレンジ

（会釈のみ）
材料：あいさつ
こんにちは（と軽い会釈）。
材料：あいさつ
今日寒かったですよね～。
材料：感想
＊＊さん、今日も（よくその人が食べるもの）ですか？
材料：趣味・好み
＊＊で○○を食べてきましたわ。
材料：やってたこと
あそこの店＊＊ですよ。
材料：情報

こんなとき便利な材料

外でやってたこと、このあとやること、あいさつ、好み

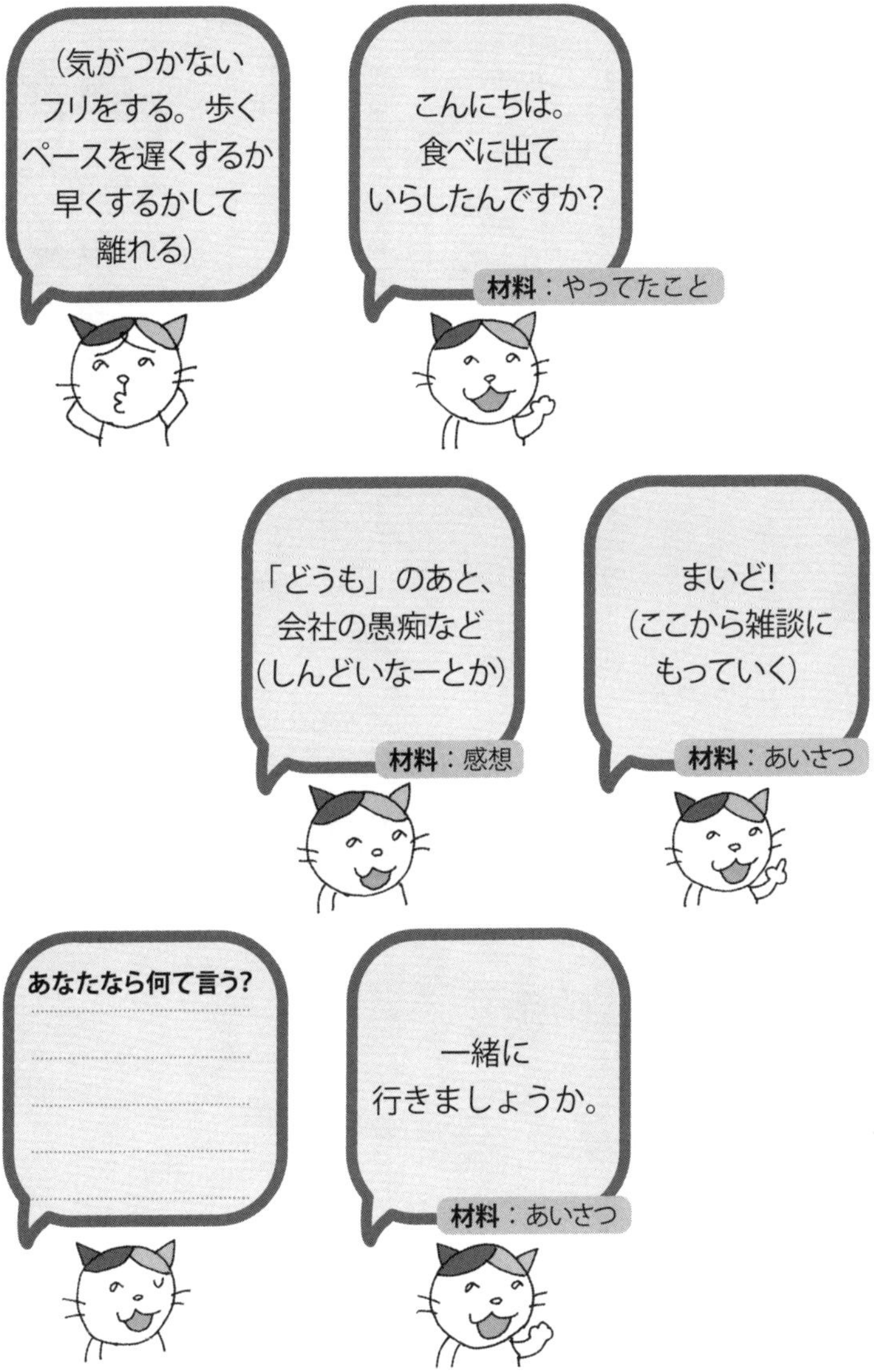
(気がつかないフリをする。歩くペースを遅くするか早くするかして離れる)
こんにちは。食べに出ていらしたんですか?
材料：やってたこと
「どうも」のあと、会社の愚痴など(しんどいなーとか)
材料：感想
まいど!(ここから雑談にもっていく)
材料：あいさつ
あなたなら何て言う?
一緒に行きましょうか。
材料：あいさつ

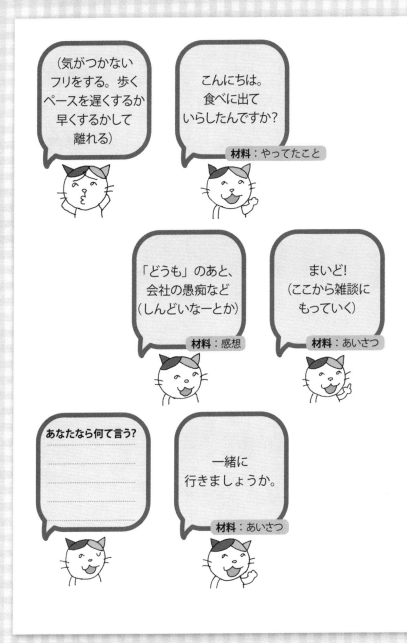

レシピ例

自分から声をかける場合

シチュエーション❻

一緒に軽作業中

場面説明

同じ部署だがそんなに親しくない人と一緒に軽作業をしている（紙を折る、袋づめ、など）。

材料

感想など

ぽてのひとくちメモ

仕事中だし、さっさと終わらせたいから黙ってやるという人もいれば、逆に「退屈だからしゃべりたい」という人もいて、人によって対応はいろいろ。

このシーンを集めた際、「『けっこう＊＊ですね』は便利に使える」と言った人がいました。けっこう簡単ですね、けっこう多いですね、けっこう大変ですね……。確かにそれだけで会話を終わらせることもでき、広げることもでき、私も愛用しています。

こういう単純作業、
けっこう
好きなんですよ。

一緒に軽作業中…
材料を変えて、こんなふうにアレンジ

手、疲れません？
材料：感想
（いまやってる作業）飽きたよね。
材料：感想
（向こうから話しかけてくるまで黙ってる）
あー、腰が痛い。＊＊さんはお体の調子はどうですか？
材料：体調
最近どう？（何かいいことあった？どこかおいしい店行った？）
材料：近況・情報
・仕事関係で自分が知らない情報を聞く。
・3日以内にあったことを話す（どこかに行った、寝てない、仕事しすぎなど）。
材料：近況・情報

こんなとき便利な材料

感想、近況、情報、体調、いまやってること

たくさん
ありますねー
（いまやっている
作業について）。

材料：感想

これけっこう
（意外と）
・面白いですね
・難しいですね
・疲れますね

材料：感想

うちの食堂って
どう思います？
（会社の設備ネタ）

材料：近況・情報

昨日
＊＊しちゃって
（ちょっとした失敗談）。

材料：近況

あなたなら何て言う？

よ～し、
勝負
しましょう♪

材料：いまやってること

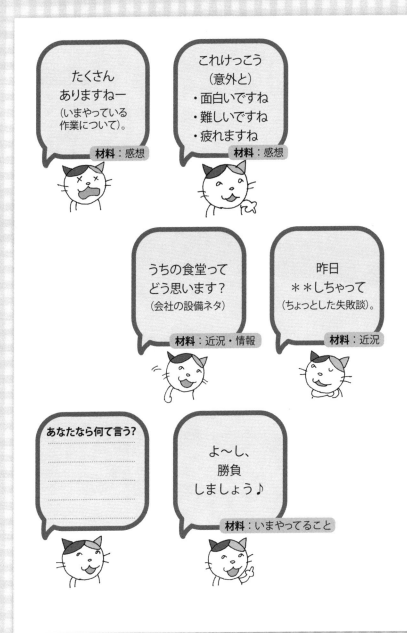

レシピ例

自分から声をかける場合

シチュエーション7

飲み会にて

場面説明

飲み会。メンバーには初対面の人はいない。全員のだいたいの情報（住んでる場所・やってることなど）は知っているけど、個人的なつきあいがあるわけではない。

材料

趣味・興味など

ぽてのひとくちメモ

飲み会というと親睦の場なせいか、「レシピ」収集をしてみると、みんないろいろ工夫していました。この場面も「お疲れさまです」のひとことで話を始めると便利です。

本来、親睦をはかる場面なのでしょうが、これほど苦痛な場もなかなかないのです。でも同じように思っている人が多いと知って安心しました。

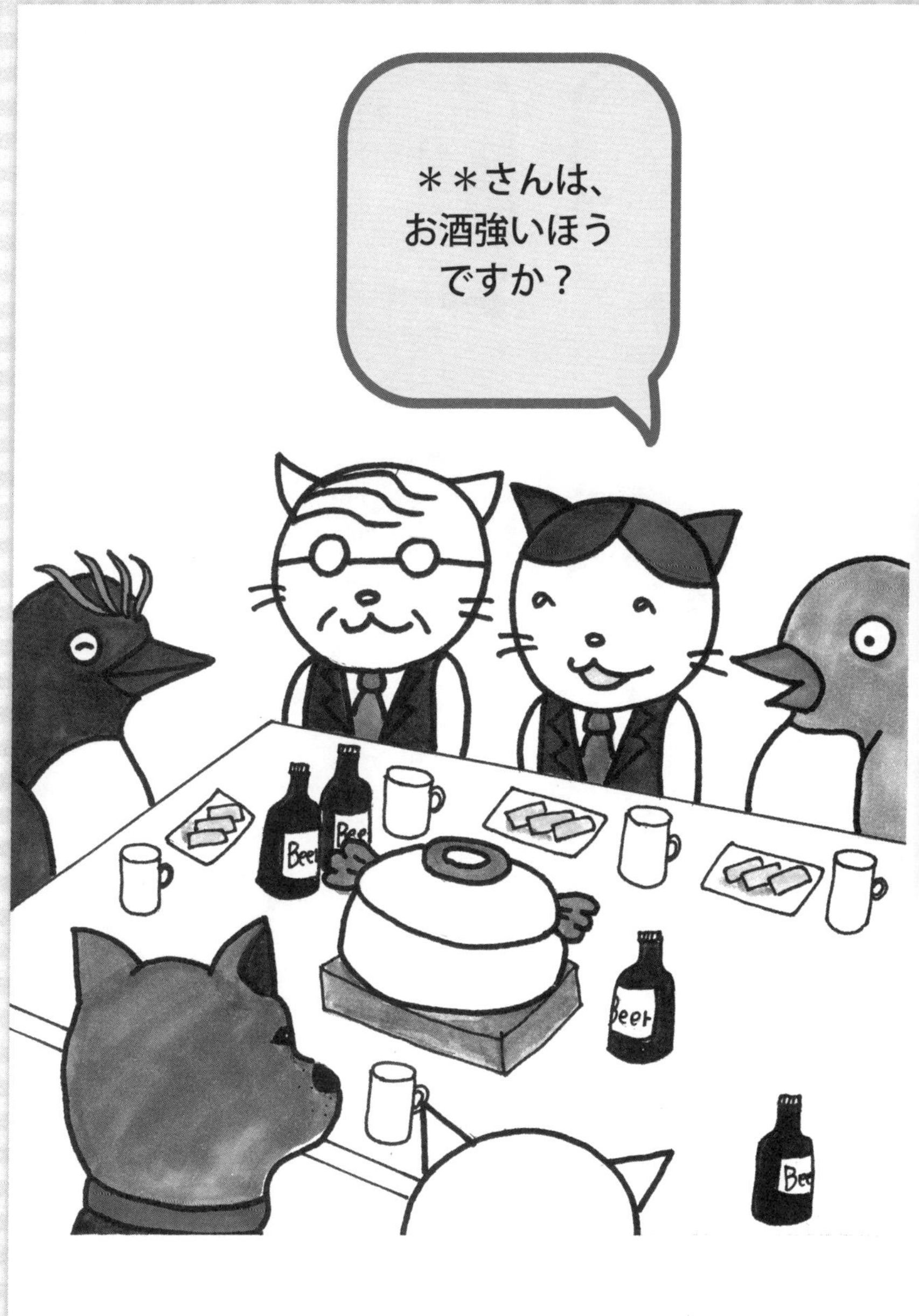
＊＊さんは、お酒強いほうですか？
Beer

飲み会…
材料を変えて、こんなふうにアレンジ

しゃべらない
（または、
「お疲れさまでした」）
材料：あいさつ
あなたなら何て言う?
・＊＊さんは、けっこうよく飲みに行ったりするんですか?
・おうちでも飲まれるんですか?
材料：興味
ここ、いいお店ですね。
材料：いまいる場所
いやあ、寒い（暑い）ですね〜。
材料：感想
昨日の＊＊見た?
（最近見たテレビなど）
材料：情報

こんなとき便利な材料

感想、近況、情報、体調、興味、いまいる場所

・最近
お忙しいですか？
・仕事は
どうですか？
材料：近況
最近、
仕事どう？
慣れた？
材料：近況
・どうやってこの店
見つけました？
・このお店は初めて
ですか？
材料：いまいる場所
来た料理とか
飲み物で
話を作り出す
材料：食べ物
これ（料理）って
どうやって
作るんですかね？
材料：食べ物
・結構飲まれる
んでしょ？
・強いって
聞いてますよ。
材料：感想

これを考えた当時の私は、雑談の「ざ」の字もできないくらいで、みんながどんな雑談をしているか想像もつきませんでした（ちゃんとみんなが雑談している場にはいるんですけどね。全然聞き取れてなかったのです）。だから、それぞれの場面で、それぞれ全然違うことをしゃべってるんじゃないかな、と思っていて、このような場面分けをしました。さらに、もっともっと細かくシチュエーションを区切ってたくさん「レシピ」を集めたい！と思っていました。

ところが……いろんな人から聞き集めてみると、どんな場面でも、わりと似たようなことをしゃべっているのがわかりました。というか、「どんな場面でも使いやすい会話」というのが、これはもうはっきりと存在するのですね。そのほか、第4章以降でお話しする発見がどしどしと出てきて、私は「量をたくさん集める」のをやめました。

いまはＳＮＳがありますので、たとえば「レシピ」を集めるのにＴｗｉｔｔｅｒなどで呼びかける、ということもできるでしょう。もしかしたら、たくさん集まるかもしれません。ただ、私自身がそれだと「あまり意味がない」と思うので、やっていません。

対面で答えてもらって実演し、ニュアンスを聞き取ったりセリフの裏に隠れている工夫などを聞くことが、いちばん役に立ったからです。

◆おわりに

もっともこれは私がアナログ世代だからで、下の世代だとまた違うのかもしれません。

会話のきっかけレシピ

第4章

悩みとヒントが「見える化」された

1 背負いこんだ荷物を少しずつおろす

実用本は、「この方法で、1か月でこんなにもうかった！」「こんなすごい成績をあげた！」といった、短期間でのわかりやすい結果をうたうものが多いです。「会話のきっかけレシピ」もそうだったらいいのですが、残念ながらそうではありません。最初に「レシピ」を作ったのはいまから10年以上前ですが、当時のシンドイ状態から脱却するには何年もの時間がかかりました。

なぜ、そんなに時間がかかったのか？　それは悩みという「荷物」が重なりに重なって身動きがとれなかったからです。

私が「レシピ」を作る前と作ったあと（集める・実行する・分析する）の4段階を振り返ると、「レシピ前／第0段階」は、どんどん重い荷物を背負いこんで身動きがとれなくなっていった時期、「レシピ（導入）後／第1～第3段階」は、その荷物を少しずつおろして動き出せるようになった時期となります。

図にするとこんな感じです（**図4―1**）。

こんなふうに悩みの中身や段階を俯瞰して見ることができるようになったのも、「会話のきっかけレシピ」のおかげです。第0段階では、そもそも何で悩んでいるかもわかりませんでした。

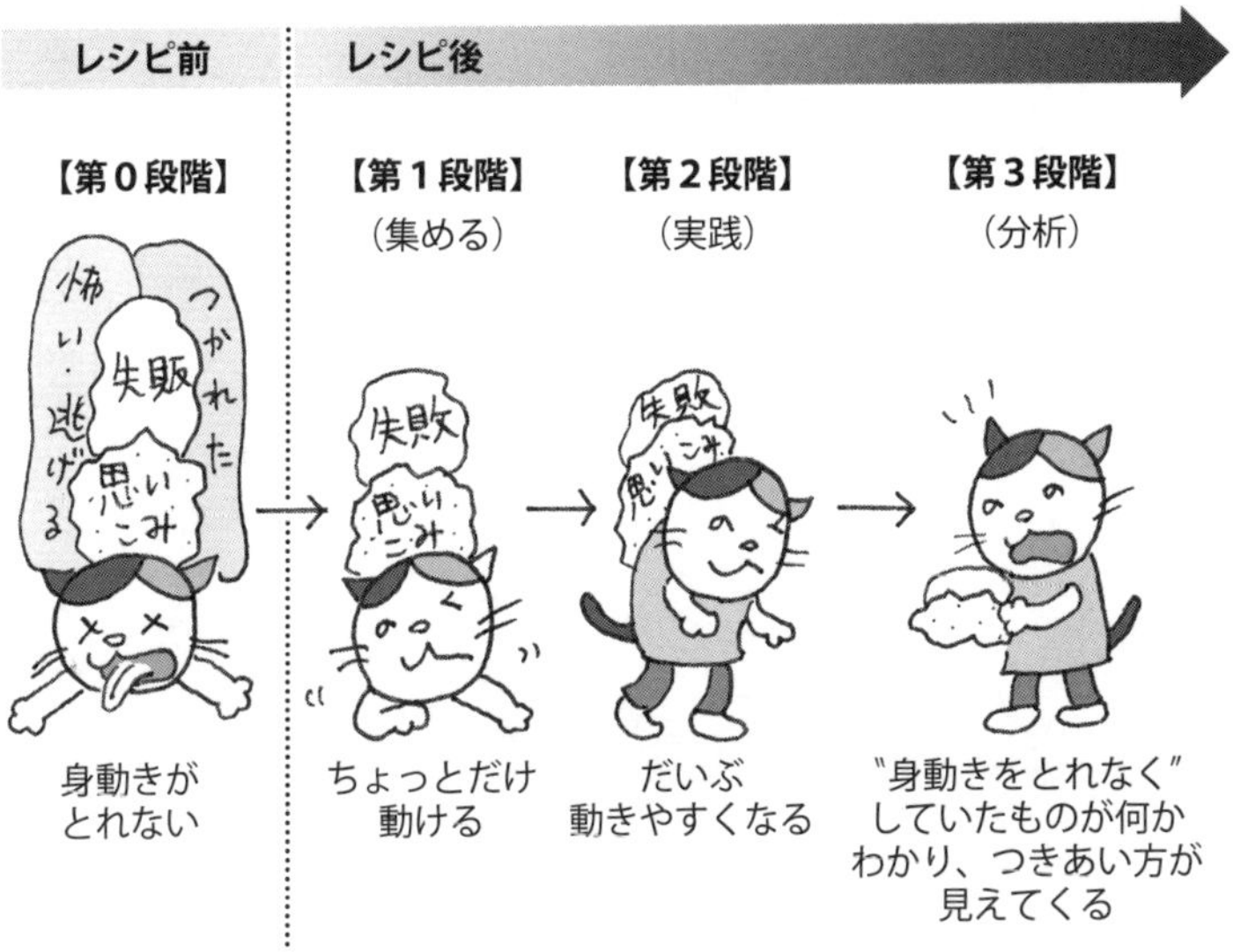

図４−１ 段落を踏む

この章では、第0段階から第2段階までの変化を、第1章と少し重複しますが順を追ってお話しします（第3段階については、第6章でお話しします）。

2 【レシピ前／第０段階】悩みを背負いすぎて身動きできない！

◆もとの悩み

もともとの悩みは、第1章にも書いたとおり**「人とうまく関われない」「くっつきすぎるか、完全に遠ざかるかになってしまう」「人に〝しゃべらない〟〝暗い〟と言われて非難される」**の三つでした。

◆自分なりの考え・思いこみ（無意識・アドバイス・体験）

人から非難されることもあり、これらの悩みはひとえに「**自分が〝しゃべらない〟からいけないのだ**」と考え、強迫的に「**とにかく、しゃべらなきゃ**」と思いこみます。この思いこみ＝「自分ルール」には種類がいろいろありました。

▽自分でもわからないうちに、無意識に背負いこんだもの（自分ルール1）

- 言われたことの言葉どおりに返事をしなきゃ（例：「もう11月だね」と言われたら、「11月のことを話さなきゃ！」と必死で考えてしまう）。
- 笑えるような、面白いオチのある話をしなきゃ。
- 天気の話とか、暑い寒いといった話題は、自分がそう感じたときに、ごく親しい人にしか言ってはいけない。「だから何？」と思われてしまう。意味のある会話をしなきゃ。

▽人に教えてもらったアドバイス（自分ルール2）

- とにかく何か、相手に質問すればいいらしい。

▽就活時の「一時的な成功」の体験から新たにできたもの（自分ルール3）

●相手がどんな人でも、興味を持って話しかければOK！

●相手がどんな人でも、にこやかにフレンドリーに近づけば受け入れられる！

◆重なる悩み

これらの思いこみを背負って、遠ざけていた顔見知り程度の人とも「しゃべろう」としてみますが、さらに悩みが積み重なります。

「意味のある会話をしなきゃ」と思っても話すことが何も浮かばないし、ごくまれに向こうから話しかけられても（例：「まだ火曜日ですね～」）なぜそんなことを言うのかよくわからないし「火曜日のこと……えっと……」と返事に困る、ネタを考えているうちに話しかけるタイミングを逃してしまう、など、**いざとなるとわからないことだらけ**。何か質問をしよう！とか、面白いことを……と力んで声をかけても、「は？」「え？」「なんで？」「……枚岡さんって変わってるね」などの**かんばしくない反応で会話は途切れて失敗に終わる**（**と私は感じました**）。

例として、第1章で「必死のパッチ」の話を書きましたが、ほかに覚えている例をあげれば、こんな感じです。学生のとき、クラブの部室で先輩と道具を手入れしていたときのこと。相手はあまり来ない先輩だったので、まさに「顔見知り」レベルのいちばん困る人でした。「しゃべらなきゃ、何か聞こう」とあせって頭のなかで話題を探し、「そう言えばこの人は、ピアノを習ってたんだった！」と思い出し、なんの脈絡もなく、こう聞きました。「○○さんって、ピアノどこで習ってるんですか？」

返事は、「家の近くやけど……なんで？」

一瞬「ピアノ」がひらめいただけで、そのあとの展開を何も準備していなかった私、「……」。会話終了……。どちらかと言うとさらに気まずい沈黙（ちなみに、クラブはピアノや音楽とは何の関係もありません）。こんな感じで「ダメだった」という気持ちばかりが重なります。

さらに、「人とうまくしゃべれない」などと誰かに相談しても、「気にしすぎ」「無理に話すことないじゃない」などと言われると、「そんなことで悩むお前が悪い」というメッセージに聞こえ、**自分のしんどい状態を誰にもわかってもらえないと絶望する**……。

◆身動きがとれない状態

最初は三つの悩みだけだったのが、そのうえに「思いこみ」、「さらなる悩み（わからなさ・失敗・絶望感）」を背負いこんでしまいました。そのうえ、「こんなふうにうまくいかないのは、自分が〝しゃべるのが下手〟だからなのでは？」↓「〝しゃべらない〟自分が悪いのでは？」「とにかく、しゃべらなきゃ！」と思考が最初の地点に戻ってしまい、また同じことの繰り返し……と悪循環を繰り返します。

その結果、「人が怖い」「怖いから、人と接する機会を徹底的に避ける→よけい気まずくなり、怖くなる」「逃げ回るのに疲れた」とまたまた上から苦しみがかぶさり、とうとう身動きがとれなくなってしまいました。これが第0段階、第1章でお話しした状態です。ここまで荷物を背負いすぎていると、もはや「がむしゃらな頑張り」だけではどうにもなりません。

対人関係に限らず「悩み」というのは、いちばん悩んでいるときは頭の中がぐちゃぐちゃで、何に困っているのかもわからなくて非常につらい状態です。このときがまさにそうでした。

この重すぎる荷物を少しずつ軽くしていったのが「会話のきっかけレシピ」だったのです。

3 【レシピ後／第1段階】「レシピ」を集める

◆スタート——手持ちの「会話のカード」を増やす

「会話のきっかけレシピ」は、まず手持ちの「会話のカード」を集めるところからスタートしました。

◆「レシピ」集めは、発見の連続だった

「会話のきっかけレシピ」には四つの特徴があります。その特徴から、「レシピ」を集める過程でさまざまな発見がありました。

❶他人が作った「成功体験」マニュアルを実行するのと違い、自分で集めて回ること

たくさんの人から「レシピ」を集めてわかったのは「**みんな、雑談に関しては何かしら苦労や工夫をしている**」ということでした。「レシピ」を集めるとき、実際の会話のようにロール・プレイングをしてから短いコメントをもらっています。すると、みんな「『けっこう＊＊ですね』はいろんな場面で便利に使える」とか、「上司だったら共感、仲いい人ならちょっと突き放したことを言ってみる」「相手が話したそうなら何かしゃべる、そうじゃなければあいさつだけ」「軽作業のときは黙ってやりたい or 退屈だからしゃべりたい」など、状況に応じて細かく判断していることがわかりました。

見本を見せると「私、こういうのなーんにも考えずにしゃべってるわ」と言う人も時々いました。そんな人に具体的なせりふを書いてもらい、ロール・プレイングのあと説明してもらうと、なんにもどころか実にこまやかにＴＰＯを考えながらしゃべっているのがわかりました。無意識にできてしまっているから「考えていない」だけなのです。

私はなにぶんTPOがわからない――つまり「場面や関係性で調整する」という発想自体がなかったので、集めていてひたすら目からうろこが落ちつづけました。

❷集めるときにロール・プレイングしたり、集めたあとで「レシピ」を並べてみることで、実際に人と話す前にシミュレーションができる

雑談が発生するその場で、とっさに声かけや返事が思い浮かばない私でも、イラストの横に置いた「レシピ」を取り換えながら「こういう場面・相手でこう言ったらどうかな?」「これは自分には難しそうだな、こっちは言いやすそう」などとゆっくり検討できるのが非常に助かりました。

そして、みんなの工夫がつまった「レシピ」をたくさん並べてみて気づいた次の三つは、その後10年以上「レシピ」を作っていくうえで、コアになる発見でした。

- 「見たまんま」を言葉にするだけでいい（例:「今日はあったかいですね」など）。
- 返事は「オウム返し」でいい（例:「そうですね、あったかいですね」など）。
- むしろ、黙っていたほうがいいときもある（↑最初はこの程度の認識でした）。

意味のある会話でなければ、言葉どおりの意味に沿った言葉を返さなければ、いついかなるときも人がいたらしゃべらなきゃ、と思いこんでいた自分にはあまりに正反対な結果でした。これで自分ルール1と2が少しゆるみます。このあと10年以上の試行錯誤に、上記三つの発見は常に羅針盤となっています。

❸ごくごくフツーの初歩的なものを集めているので、トライしやすい

私は（「ごくごくありきたりなものを」と頼んで集まった）「レシピ」――たとえば「＊＊さん、今日何食べました？」とか「疲れましたね～」など――を見て、「みんな、こんなことをしゃべっているのか！」と、初めて耳にする言葉のように驚きました。自分ひとりでどんなに考えても、浮かばなかった言葉ばかりだったのです。

同時に、これまでの抽象的または高度なアドバイスと違い、「**これなら私でもできるかもしれない**」と心強く思いました。「気が利いてる」とか「面白い」といった評価づけとは無縁でなんでもありにしたことを心からよかったと思っています。もしも他者からのジャッジを気にしてレシピを集めたら、すぐ「自分ルール」を作ってはとらわれてしまう私のことですので、本来の目的を忘れて「ほめられるような声かけ・返事にしなきゃ！」などと違った方向を目指してしまったでしょう。以降の発見などはないまま、カラ回りして挫折し、もっと心を閉ざしていたことでしょう。

❹シチュエーションを具体的に設定することで、悩みが「見える化」される

病院へ行ってひと言「具合が悪いんです」だとお医者さんも困ってしまいますが、「お腹が刺すように痛い」だとどこを診ればいいか判断できますね。同様に、単に「しゃべるのが苦手」などと漠然とした言葉で相談しても「みんなそうだよ」「気にしすぎ」などと抽象的なアドバイスしか

返ってきません。でも、**具体的に細かく区切ったシチュエーション別に聞くことで、具体的な例（「レシピ」）がもらえます**。

結果として、それまでは言葉にできずモヤモヤしていた悩みが、何で困っているのかに気づいて整理できるようになりました。――つまり私の場合、「たまたま顔見知りの人と一緒になったとき、声をかけるかどうか、また何を話せばいいのかに困っていた」ということに気づいたのです。そして、行きついたいちばんの問題は、**「TPOに応じた声かけ・返事の選び方がわからない」**ということでした。だから抽象的なアドバイスや「こう言ってみたら？」というTPO抜きの例だと適切に実行できなかったのです。それをふまえて、「昼休みに外へ出て、帰ってくるとき同僚に会ったら悩んでしまう」などと細かく説明をすると、悩んでいるところを理解してもらえたり、適切なコメントをもらうことができたりするようになりました。

また、ひとくちに「話すのが苦手」と自称する人でもレベルはさまざまだということもよくわかりました。「私も雑談が苦手なんですよ～」といろんな人から言われましたが、「レシピ」で集めているようなレベルであれば「ふつうにできる」という人もいます。**私は「レシピ」のレベルすらまったく身につけておらず、同じ苦手な人々のなかでも相当にレベルが低い**ことがわかりました。悩みを相談したときによく言われた、「気にしすぎであって、ちゃんとしゃべっている」は残念ながらハズレだったのです。

さらに、私と気が合って、会えば共通の趣味や価値観ばかりしゃべっている友人たちも、職場などの公的な場では誰にでも通じる「よそゆき」の雑談をしていたことを初めて知りました。そうとう長い時間を語らって過ごし、「何でも」――かなり深い内面に立ち入ったことも、悩みごとも話しあってきたつもりでした。が、実は私が知らないところでこんなことを話していると は！　正直なところ「彼らの知らない一面を見た」くらいの衝撃を受けました。

少し前のページでお話しした「レシピ前／第０段階」の姿を客観的にとらえられるようになったのは、初めて「会話のきっかけレシピ」を作ってから数年たってのことです。**何で困っているか、何がわからないかがわかると、問題はすっかり解決したわけではないのですが、かなり気持ちがラクになります。**それまで「わけのわからない悩み」に振り回されていたのが、その正体が少しわかると、振り回され度が減って自分で少しずつコントロールできるようになるからです。

◆荷物を少しおろして、ちょっとだけ動けるように

このような発見・整理を経て、気持ちがいい方向へ変わってきます。

●人への恐怖感・絶望感が減る（わからないことに対し的確なヒントがもらえたことで、「言ってもわかってもらえない」という不信感が減るし、さまざまな工夫を聞いてほかの人の考えていることを少し理解できるようになったから）。

●失敗のもとになっていた思いこみが減って使えそうなカードが増え、「いままでほど失敗しなくてもすむのでは？」という安心感がわく。

●「しゃべる」以外の要素にも意識を向ける余裕ができる。

背負いこんだ悩みの荷物を少しおろして、ちょっとだけ動けるようになりました。顔見知りとの雑談に、こわごわながらも、もう一度トライしてみようという気になったのです。

4 【レシピ後／第2段階】「レシピ」の実行

◆逃げなくていいってラク！

前章のとおり、気持ちがいい方向へ変化したところで、いざ実行です。

会社で、真夏に急な雨が降ってきたことがありました。

そこで、エレベーターで一緒になった他部署の上司（用件以外しゃべったことなし）に、「**急に降ってきましたね**」と話しかけてみると……

「**ほんまやな。これでちょっと涼しくなったらいいけど**」

なんと!! すんなり通じたのです。通じたと言うとまるで外国語のようですが、私にとっては、母国語なのに通じないような状態が続いていたのです。相手が不思議がったりせず、ちゃんと返事をしてくれたのですから、これは「成功」と言っていいでしょう。

ひとつ成功すると「じゃあほかのレシピでも、通用するかも」と思えます。自分のアタマで考えたものではないから、前（就活〜就職直後）のように空回りにはならないはず。こうやって、ほかのレシピを試してみては、ちゃんと通じるという成功体験を積み重ねていきます。うまくいくたび、気持ちの変化がさらに上書きされ、**気持ちがいいほうへ変化する↓↑実行&成功を積み重ねる**の好循環が始まります。

失敗や不安が減ったことで、恐怖の場だったロッカールームや通路や会社の行き帰りなど「顔見知りと会う場面」から逃げなくてすみ、疲れることも減ります。**実際やってみると、レシピさえあれば、逃げずにしゃべるほうがずっとラクでした。**

また、実行しながら観察していると、「相手に気づかれない・くたびれない範囲で、顔見知りの人を避けることは〝あるある〟」だというのもわかりました。

たとえばレシピ例シチュエーション1「行き帰りに会った」のレシピを集めていたとき、「ゆっくり歩いたり早く歩いたりして相手と距離をとる」と言った人がいました。私もそういう「避け方」はやっていたのですが、それは「やってはいけないこと」だと思いこんでいて、たいへんな罪悪感を持っていました。でもいろんな人に聞いてみると、「相手との仲のよさ度や、状況によって顔見知りを避ける」をやっていない人はいないくらいだったのです。顔見知りの人との会話をおっくうに感じることは誰にでもあって、責められるようなことではなかったのですね。

仮に相手を避けないにしても、「いい天気ですね」「そうですね」のようにひと言交わすだけで終わりという会話パターンも集めたなかでは多く、実際に私以外の人たちが一往復で会話を終わらせて、あとはおのおの好きなように過ごしている場面もよく見かけました。「会話が一往復で終わってしまう、どうしよう」と冷や汗をかく必要もなかったのです。

ただ、「ひと言あるとないでは大違い」なようで、これについては第6章の1「自分に足りなかったもの」でお話しします。

そういうわけで、仮におっくうに感じる場面や相手であっても「ひと言かわせば、あとは黙っていてもどうにかなる」わけですから、以前より沈黙が怖くなります。そうなってみて初めて、「**沈黙はあって当然**」ということに気づきました。以前は、何かしゃべらなきゃとあせるあまり、取り急ぎ思いつくのは自分のことになり、話したいわけでもないのに「私は〜」「私も〜」と自分の話をたくさんしてしまうこともあったのですが、それが減っていきました。

背負いこみすぎた荷物のうち、「怖い・逃げる」「疲れた」がだいぶん減って、かなり動きやすくなってきました。たとえて言えば、ようやく二本足歩行ができるといったところです。

「レシピ」も、人に聞いて集めたもの以外に、身近で周囲の人が話したものを聞き取る余裕がでてきて、それらを記録してさらに数が増えていきました。

◆雑談の効用に気づく

実行してみて、初めて発見したこともありました。

雑談は、少なくとも仕事の場においては、業務そのものにもメリットがあるのです。

私が感じたメリットは三つあります。

●まず、「緊張をほぐす」です。

職場へは仕事をしに来ているのですから、仕事そのものにももちろんストレスや緊張があります。いままでは内心ひとりで「会議ではなんと言おう」「今日はある業務の初日」などと抱えていたわけです。それが、ロッカーや控室などでたまたま近くに居合わせた人——これまではこの人たちと「何を話せば」と悩んでいたわけですが——と「いまから＊＊なんですよね～」「あー、たいへんですね～」などと会話できると、それだけでずいぶんと業務への緊張がやわらぐのです。

そもそも私は雑談をすることにものすごく緊張していたわけですから、この心理の変化には自分でも驚きました。顔見知りの人と「雑談」をかわすことで、「まったく知らない人」から「少しなじみのある人」へと関係性が変化するのです。ひとつの緊張（雑談）を突破すると、次の緊張もほぐれるとはなんとすばらしい。

●次に、いわゆる「ほうれんそう」、もしくは「ほうれんそう」未満の言っておいたほうがいいことが言いやすく・聞きやすくなることです。

これは確実に仕事上のトラブルやストレスが減ります。

私は就職してすぐの新人研修で、この「ほうれんそう」の重要性を説かれました。ですので、雑談は苦手だけれど、用件である「ほうれんそう」はなるべくこまめにしていたつもりだったのです。

この「ほうれんそう」は、どこからが報告すべきで、どこまでが黙っていてもいいという境界線がはっきりとあるわけではなく、自分で判断するものです。ここで、相手が日ごろ雑談をしていない人だと、まず話しかけることへのおっくうさが先に立ってしまいます。それで「うーん、まあ、いいか」と言わずにおき、けっきょくあとでトラブルになって「あのとき、ひと言言っておけば」と後悔したりします。逆に、普段から雑談をして、たわいないことで「相手と会話すること」に慣れておくと、「ほうれんそう」というほどではないけれど知っておきたい情報（たとえば誰かの噂、何事かへの皆の反応、もうすぐ何かが正式に決まるかもといった憶測など）を伝えたり、聞いたりすることができます。これが、仕事では案外大きいのです。雑談が、伝えるべきことを伝える助走の役目を果たします。

●最後に、言いにくいことや聞きにくいことも言いやすくなります。

たとえば仕事上の何かに関して、相手の意見や考えをたずねるのに、以前は直球で「＊＊の調子、どうですか？」などと聞くしかありませんでした。でも、いきなりまっすぐ来られると相手はホンネを答えにくいようで、「さあ……」「とくにありません」となったりしがちです。普段からなにげない雑談をしていると、それが助走となって思っていることを聞き出しやすくなりますし、向こうから「そう言えば＊＊だけどね」と話してくれることが多くなりました。「レシピ」前はなかなか聞けなかったネガティブな不安や不満も話してもらえるようになったので、雑談の効用は大きいと感じました。雑談は「とくに意味のない会話」でありながら、相手がどんな人で何を考えているのか、本音を言ってもだいじょうぶそうな人かどうかをはかるなど重要な役割を果たしているのですね（この「言いにくいことを言いやすく」は第6章でも触れます。また、第3段階および自分ルール2と3については、応用的なことなので第6章でお話しします）。

「しゃべるのが苦手なのは、他人への思いやりが足りない・自分勝手な人間である」といった意見を見聞きすることがあり、長らく罪悪感のひとつになっていました。でも、このような効用に気づいて、「雑談は一種の護身術」と言いますか、自分のためにする部分も大きいのだなと感じました。「情けは人のためならず」のように、「雑談は人のためならず」かもしれません。

会話のきっかけレシピ

第5章

会話のきっかけにも「きっかけ」があった

なぜ、「まずは笑顔・あいさつ」と言われるのか？

コミュニケーションにおいて、「まずは元気なあいさつが大事」「まずは笑顔から始めよう」などと強調されているのは知っていました。こういったあいさつや表情・体の動き・声の出し方など――まとめて「あいさつや言葉以外の要素」と書きます――に関しては、緊張していて顔や体が思うように動かないし、「にこにこ」「ハキハキ」といった抽象的な説明が多いので「会話」よりずっと難しく、考えるだけで胃が痛くなるような課題でした。

そこで、そういうシンドイことは後回しにして、まずは「会話のきっかけレシピ」で言葉を集めることにしたのです。

その結果、第4章では、「背負いこんだ荷物を少しずつおろしていった」と書きました。この第5章は、「レシピ」を使うことによって段階的に荷物も減らしつつ、はからずも「あいさつや言葉以外の要素についても、〝手持ちのカードを増やしていった〟」旅の記録です。

第4章にも書いたとおり、顔見知り程度の人といるとき「むしろ、しゃべらないほうがいいときもある」まではわかったのですが、そういうときは、どうふるまえばいいのかは当初わかりませんでした。それが、この旅で見えてきたのです。

1 【レシピ前／第0段階】レシピ前に持っていたカード「あいさつ」と「微笑」

「レシピ」を作る前に、すでに持っていた「手持ちのカード」がありました。「1対1のあいさつ」と「口角を上げる」です。でも、これらのカードだけだとまだまだ困るシーンが多くありました。

まずあいさつ。就活時代に「相手の顔を見てあいさつする」ことはできるようになり、一時期は「もう対人関係の苦手は解消した！」とすらカンチガイしたわけですが、できたのは「1対1のあいさつ」だけ。職場では、たくさんの相手に向かってあいさつしたり、一度会った相手にまた会ったりとさまざまなパターンがあり、たちまちどうすればいいのか困りました。

そして「口角を上げる」。私は昔から、面白いときに笑うことはできても、作り笑いがうまくできませんでした。無理やりやっていたのは、口を「イーッ」とひっぱり、笑みというより歯をむきだす「イーだ」に近い表情。これは、就職後に「口を閉じたまま口角を上げ、笑顔っぽくする」ことができるようになりました。できなかった大きな理由は、実は「歯の嚙み合わせの悪さ」だったのです。20代後半に虫歯で通った歯医者さんにそれを指摘され、「肩こりや頭痛がやわらぐ」と言われて治療しました。そうすると予想外に口元が動きやすくなり、初めて「歯を見せずに、口

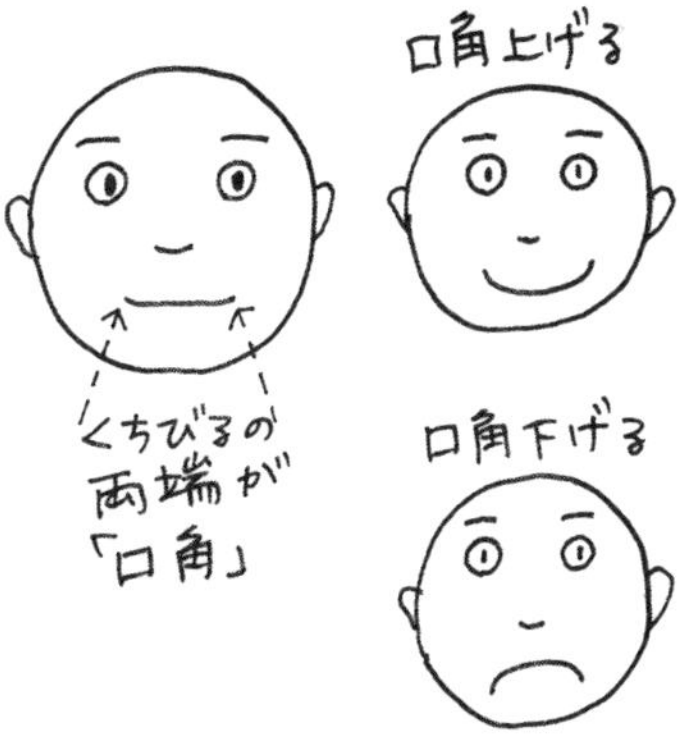

図5―1 口角とは？

角を上げる」ことができるようになりました。こうすると、いわゆる「にっこり」に近い表情ができます。ただこのころは対人緊張も激しく、あまり「使いこなす」ことはできていませんでした。

2 【レシピ後／第1段階】「レシピ」収集と「図解」の作成

「会話のきっかけレシピ」を実践したことで、手持ちの「あいさつや言葉以外の要素」のカードもまた増えてゆきました。

◆ロール・プレイングでわかった「間」や「トーン」

「レシピ」を集めるときはいつも、お互いせりふを言いあって実際の会話のようにロール・プレイングしていたので、「実際にはこんな〝間〟や〝声のトーン〟で話しているんだな」というのが体感できました。たとえば、声をかけられて返事をするときは、私が思っていたよりは少し長めの――1回手をたたくくらいの――間をおくとか、「いくら寝てもネムイよ」という声かけに「そういうこと、ありますよね」と言う場合は、穏やかに声を出して「よね～」と少し語尾を伸ばして下げぎみにすることで共感を示す、といったことです。

これらは文字で書かれた情報からは得られませんから、「レシピ」は、数をたくさん集めるだけでなく、ロール・プレイングすることでより役立つとわかりました。

◆コミュニケーションは「口」より先に「目」から始まる

「会話のきっかけレシピ」では、「あいさつや言葉以外の要素」は後回しのつもりでしたが、ひとつだけ、友人にアドバイスを受けながら「図解・声をかけるまで」という図版を作りました。これも私にはまったく知らないことばかりで、効果絶大でした。

大発見だったのが「声を出す前に、相手にまず気づいてもらう」ということ。そんなに親しくない人に対し、「相手が気づいていないのに話しかけるとしたら、それはたいてい急ぎの場合」と友人に教わって「そうだったのか!」とびっくりしました。本当に知りませんでした。気づいてもらうにはどうするかと言うと、使うのは「口」ではなくおもに「目」なのです。

●相手の方向に視線を向ける↓相手の視野に入るように近づく↓最後に目(というか顔)を合わす。

それまでの私は、職場においてどんなだったかというと……

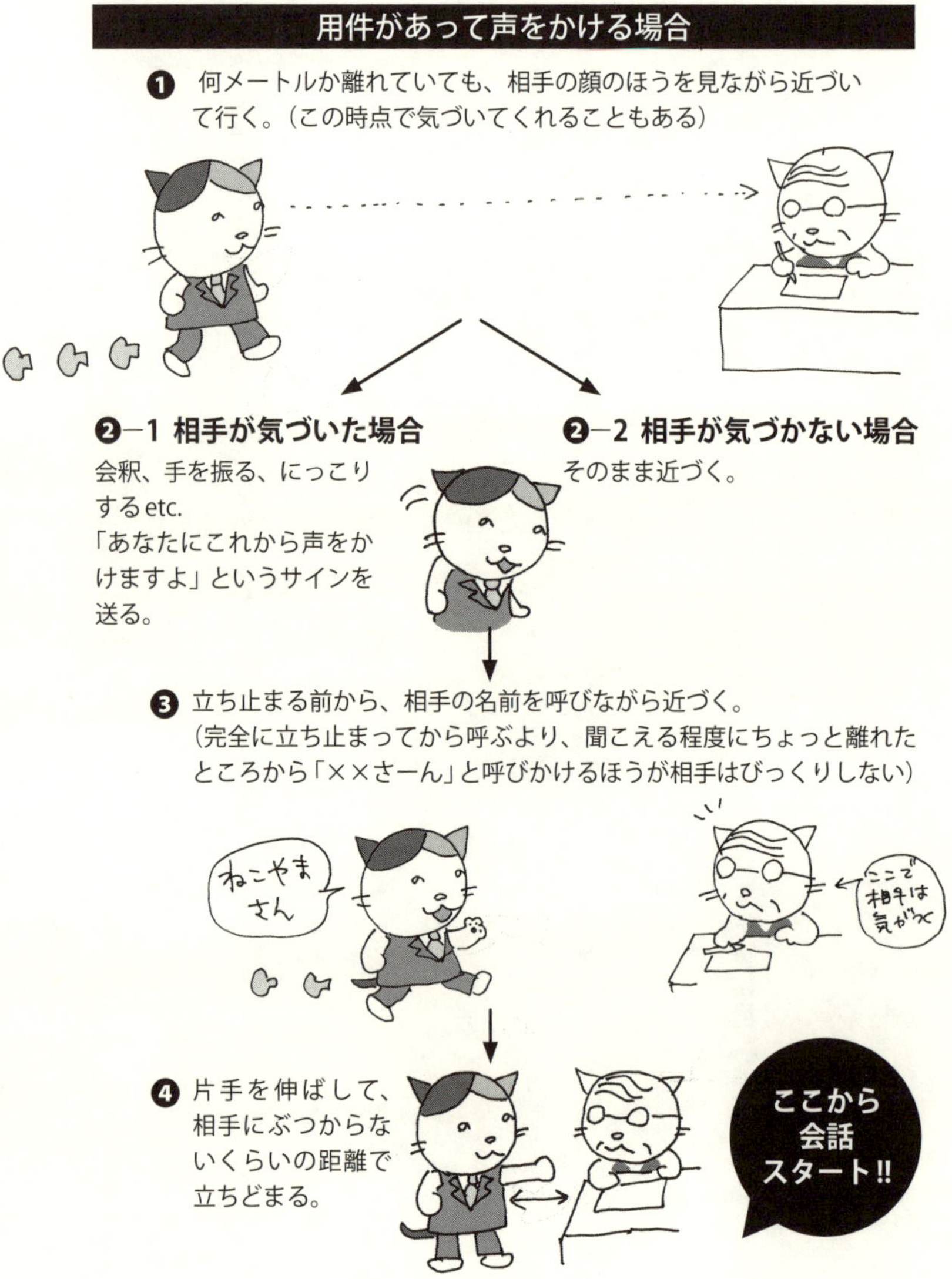
用件があって声をかける場合
❶ 何メートルか離れていても、相手の顔のほうを見ながら近づいて行く。（この時点で気づいてくれることもある）
❷―1 相手が気づいた場合
会釈、手を振る、にっこりするetc.
「あなたにこれから声をかけますよ」というサインを送る。
❷―2 相手が気づかない場合
そのまま近づく。
❸ 立ち止まる前から、相手の名前を呼びながら近づく。
（完全に立ち止まってから呼ぶより、聞こえる程度にちょっと離れたところから「××さーん」と呼びかけるほうが相手はびっくりしない）
ねこやまさん
ここで相手は気がつく
❹ 片手を伸ばして、相手にぶつからないくらいの距離で立ちどまる。
ここから会話スタート!!

図5―2 声をかけるまで

用件はないが、雑談しようと声をかける場合

❶ 相手が立っているとするとまず、相手の視野へ入る場所へ移動する。（この時点で相手が気づくこともある）

❷–1 相手が気づいた場合

軽い会釈、にっこりするなどのサインを送る。

腰に手を当ててひじが当たらないくらいの距離

❷–2 相手が気づかない場合

相手が「忙しくて気づかない」のならやめとく。
余裕がありそうならもう少し近寄る。

❸ 向かい合わせとか、背後ではなく相手と同じ視線の方向で並んで立ってみる。
だいたいこれで相手は「声をかけてくるな」と気づく。
相手から声をかけてくることもある。

❹ 相手が気づいたのを確認して会話スタート。
（とくに相手の名前を呼ぶ必要はない）

＊相手が気づいていないのに声をかけるのはたいてい急ぎの用件の場合。

用事があって相手の席まで行き、相手の名前を呼んだら「わっ！　びっくりした」と言われることがしばしばありました。私としては「なんで、ちゃんと相手の名前を呼んでるのに驚かれるの？」と不思議だったけれど、細かく私の動きを書くと **①うつむいて、②相手の真後ろ20センチくらいのところまで近づき、③背中に向かって「○○さん」と声をかけて**いたのです。

これでは自分の視線も相手の視野もまったく無視です。相手からすると、気づいていないうちにいきなり真後ろまで接近され、声をかけられて（たとえそれが自分の名前であっても！）、びっくりしたのでしょう。声に出して呼ぶより気づいてもらうことが優先だったのです。それに、相手の視野に入るには、「真後ろ」以外から近づかなければいけない。ヒトの目は真後ろには届きませんから……これも、「図解」で初めて知りました。

「なにげない雑談」をする場合はどうだったでしょう

図5—3 何かしようとしているところ

か。

用があるときより、雑談のほうがさらに難しかったのは、これまでに触れたとおりです。職場で、物理的に離れている人に向かって、雑談のためだけにそばへ行くとか、そばを通るついでに雑談とかはしませんでした。話す内容もタイミングなども、まったくわかりませんでしたから。でもみんなはしばしばそういうことをしていて、「どうやっているんだろう」と不思議に思ったものです。私が思い切って、休憩時間や仕事時間中などに声をかけると、相手はちょうど何かしようとしているところで「えっ？」と、これまた驚かれたりけげんな対応をされたりすることが多かったのです。いずれにせよ、私が相手の視野に入っているか、私が声をかけようとしていることに相手が気づいているかどうかなどは考えたことがありませんでした。「自分は何かズレているらしい」とはうすうす感じていましたが、「何か」のうち重要なひとつはこれだったようです。

こうして「目を合わせてあいさつ・口角を上げて笑顔っぽく・気づいてもらう近づき方・間やトーン」といった「手持ちのカード」がそろってくると、怖くて触れられなかった「あいさつや言葉以外の要素」が「どうにかやれそう」と少し安心できました。このあとは、第4章で書いたせりふと同じような時期に実践を始めたのですが、こちらのほうでもやや遅れて好循環が始まります。

3 【レシピ後／第2段階】実践と顔・体の自主トレ

◆実践

まず、「話しかける前に、気づいてもらうように近づくこと」から始めると、雑談だけでなく用事がある場合でも、相手が「自分に対して、話を聞く準備態勢をとってくれるようになる」のがわかりました。明らかに体をこちらに向けてくれる、といったように。驚かれることも、まずなくなりました。それまでは、準備態勢が確認できていないまま話しかけていたわけで、「けげんな顔をされた」「話しかけた相手に、イヤがられてるんじゃないか」といった不安を感じていたのも、あながち気のせいではなかったのだと思います。

「うまくいった」と感じると「またやってみよう」となり、成功体験を徐々に積み重ねることで自信がついてリラックスする。さらにいろんなことに気を配る余裕がでてくる……というのは第4章と同じ好循環です。

そして余裕が出てくると、「相手に気づいてもらう」ことを軸に考えて、あいさつや表情などを見直すようにしてみました。

◆あいさつの見直し

❶1対1の場合

「1対1で、目を見てあいさつする」には、必ず上達する練習法があります。

私がかつてやったように、コンビニなどでお店の人相手に練習するのです。1回きりしか会わない相手ですから、失敗しても落ち込みは少ないです（お店の人も、あいさつしてもらえるとうれしいそうです）。

飲食店などのお店に一歩入ったとき、スーパーなどのレジで精算するときに、お店の人が「いらっしゃいませ」と言わなかったとしても、こちらから「こんにちは」とあいさつすると必ずあいさつを返してくれます（先方は仕事ですから、悪意で無視することは絶対ありません。あったらその人がおかしいです）。精算を終えて、買い物なら「ありがとう（ございます）」もしくは「どうも」、食べたのなら「ごちそうさまでした」と言うのです。

練習を重ねるとだんだん適切な「タイミング」や「声の大きさ」をつかめてきます。

あいさつする「タイミング」について、私は仕事の現場で繰り返して気づいたことがあります。あいさつは社会人なら必須ですが、人も多いし忙しいしでタイミングを逃すことはよくあることなのです。ですので、職場で多少あいさつのタイミングが遅れても不審がられることはありません。雑談と違い、「タイミングを逃した……」と思って黙ったままでいるより1万倍いいです。朝と帰り以外に、顔見知りの誰かと一緒になった・すれ違ったときは「お疲れさまです」が万能カードです。いついかなるときでも、それさえ言っておけばあとは黙っていてもだいじょうぶ。どうしても「この人にあいさつしたものかどうか迷ってしまう」とか「とっさに声が出ない」という場合は、とりあえず「会釈」から始めるのがよいと思います。

❷相手が複数の場合

「レシピ前」の私は、相手が複数になると、どこを見てどの程度の声であいさつすればいいのかわかりませんでした。

したがって、**うつむいて上司や同僚の後ろを通りながら、背中に向かって小声で「おはよ～ございま～す……」と言って逃げるように去る**、という感じでした。例によって「背中に向かって」いるのをはじめ、気づいてもらえない要素満載ですね。とりあえずあいさつはしたもんね、と自分で自分に言い訳してるだけ。手洗いしなさいと言われて、とりあえず蛇口をひねって指先を濡らしただけの子どもみたいなリクツです。

そこで、「レシピ後」で余裕が出てきたころ、ほかの人のあいさつを観察してみました。それで気づいた以下の四つを取り入れました。

● 顔を1対1のときより上げて（部屋の奥まで見渡すつもりで）。

●声を1対1のときより大きく（部屋の奥へ届けるつもりで）。
●あいさつして頭を上げたあと、ぐるっと全体を見回す。
●一拍おいてから、退出するなり入出するなりの移動。

理由は「複数の人のあいさつは、時間差でパラパラと返ってくる」から。業務に気をとられて、こちらのあいさつには気がつかなかった、ほかの人があいさつを返しているのを聞いて初めて気がつく、という人も多々いるのです。だから、声を出したあとそそくさと退散せずにひと手間かけると、ある程度まんべんなくあいさつできます。

部屋の形状によって「どこに立ってあいさつすればいいのか」がわからない場合、ほかの人のあいさつを見てマネすればだいじょうぶです。大事なのは、「レシピ」を集めるだけでなく、ほかの人のやり方を観察して取り入れることなのです。

◆「微笑」の基礎トレーニング

「笑顔」と言っても実にいろいろあります。全部を説明するのはとうてい無理ですが、あいさつや雑談レベルでの「笑顔」というのは「微笑」——歯を見せて笑うのではなく、「目をいつもより少し開き、口角を上げて」あなたに気づきましたよ・気づいてますよ、という表情を作る——という感じだと思います。

私はレシピ後、雑誌などでにっこりしている人の写真を見ていろいろマネしてみました。鏡で研究していると、どうも口角を上げるだけじゃなくて、目も少し見開くとより「微笑」っぽくなる、とわかってきました。

その後、ビジネスマナーの先生が「笑顔は、目ヂカラならぬ眉ヂカラ」と言うのを聞いて、なるほどと思いました。目、というより眉とまぶた両方を引き上げる感じにするとより「自然な見開き方」になるのです。やりすぎると不自然なので、鏡で練習してください。

「話すのが苦手でもニコッとしていればだいじょうぶ」という意見も見かけますが、実際「微笑」ができるとずいぶん違いました。「会話したことはないけれど知ってる人」とそのへんで顔を合わせたら、とりあえず「微笑」するだけで相手も同じような表情を返してくれたり、ときには向こうから話しかけてくれることもありました。やり方がわからなくて遠ざけていた「ニコッと」は、できると確かに強い味方なのです。

さて、いままで使っていなかった表情筋を思いどおりに動かして「微笑」を作ろうと思ったら、基礎トレーニングとでも言うべき顔面の動きの練習がいります。

「レシピ」を始めたばかりのころは、雑誌で噺家さんが言っていた「顔の筋肉をもむと、表情が動くようになる」というのを自己流でやっていました。具体的には口角からほほのあたりを、外側に円をかくように軽く指で回します（指に力を入れない）。

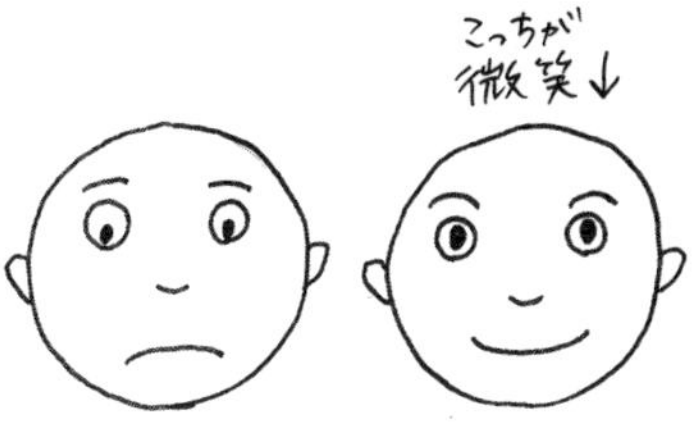

図5−4 微笑

図5−5 ほうれい線とは

職場の休憩時間にこれをやってみて気づいたのは、「人といるときの私は、口元からほほがガチガチにこわばっている！」ということでした。無意識に緊張で力が入っていたのです。気づいただけでも第一歩ですが、さらに指でもむというかマッサージするとこわばりがとれますし、気分的にもリラックスできるという相乗効果を感じました。

そこまで顔がこわばらない程度に緊張度が下がってくると、「顔の美容体操」を取り入れるようになりました。

顔の美容体操は、ファッション誌や生活誌など女性向け雑誌によく書いてあります。ほとんどが「疲れを見せず、顔を若く見せる」を目指しています。「老けて見える」＝疲れた表情、「若く見える」＝疲れていない、明るい表情、ですので、若く見える体操で自分がやりやすいものを取り入れるといいでしょう。

とくにほうれい線対策は口角を持ち上げる訓練になります。たとえば「歯をみがいているときに、歯ブラシをほおの内側に当たるように入れ、内側から押して口角を持ち上げる」方法があります（力を入れすぎるとダメですよ！）。朝家を出る前はもちろん、休憩時間などによい香りの歯みがきで歯をみがくとリラックス効果もありますし、女性の場合ごくふつうに昼休みに歯磨きしている人も多いので、職場では単なる歯磨きから始めてもいいかもしれません。

表情筋をやわらかくする前・後に「自然な微笑」を鏡の前で作ってみてチェックするといいでしょう。鏡で「これくらい顔の筋肉を動かすとにこやかに見える」というのを自分である程度把握しておくと、実践でコントロールしやすくなります。私の場合、鏡でチェックするようになって、自分が普段いかに無表情であったかよくわかりました。

ちなみに、普段やっていなかったら、いきなりひとりでほほえみを作るのは難しいです。店員さんが愛想のいいお店を探して「あいさつ＋微笑」を練習してみると「つられ効果」で徐々にできてきます。

◆滑舌の基礎トレーニング

次にとりかかったのは「滑舌」です。私はものすごく滑舌が悪く、さらに緊張して早口になると「え？え？」とよく聞き返されました。

池上彰さんが著書で「アナウンサーは50音の発声練習をするが、一般の人は『あ・い・う・え・お』の練習だけでも充分」と書いてらっしゃったので、顔体操のあとに「あいうえお」の発声練習をやっています。これは本当に効果がありました。

できれば鏡の前でやや大げさに口を開いて、話し声より大きいくらいの声を出す練習をする。「これが大きめ」「これが普段の話し声」という目安を作っておけば、声の大きさをコントロールしやすくなります。

4 【レシピ後／第2段階】必要性が「腑におちる」――「準備」ＯＫのサイン

このようにして何年もたってくると「まず笑顔から」とか「まずはあいさつ」と、世間で強調されている意味が体で納得というか「腑に落ちた」のです。意味がわからなくてもできる人はできるのでしょうが、私は「言葉で教えてもらえばわかるけど、言葉で説明してもらえないことは全然身につかない」タイプなので、レシピ前は意味も行動もスカッと抜け落ちていました。

◆二つのステップ

「あいさつや言葉以外の要素」はなぜ必要なのか？　正直それがずっとわかっていなかったのですが、「レシピ」を実践した私が気づいたのは、下記の二つでした。

● 言葉で話すよりも先に「自分（というか互い）がいること（大きく言えば「存在」）を」相手に気づいてもらうため。

● いますぐとは限らないが、コミュニケーションするつもりがあることを、互いに確認しあうため。

非常に親しい相手ならば、「コミュニケーションを密にとるのが当然」とお互い了解していますので、こんなサインは必要ないでしょう。そうでなければ、**人と人――そんなに親しくない、顔見知り程度ならとくに――はこの二つのステップを踏んで初めて、言葉での会話を始めているのです。**

つまり、「会話のきっかけ」の前に、さらに「きっかけ」があったのです。これを「準備ＯＫ」のサインと呼びます。多くの人にとってはわかりきったことなのかもしれませんが、私は30年以上生きて初めて知りました。

◆サインの適用範囲

「あいさつや言葉以外の要素」で「準備ＯＫ」のサインを出すのは、適用範囲も、言葉で話す「会話のきっかけ」よりずっと広いです。「暑いですね」「そうですね～」といった会話をするかどうかについては、自分が属する集団のなかで、どのくらいの関係の人まで行うのか場合によって・人によって異なると思いますが、「準備ＯＫ」のサインは、強弱はあれどすべての範囲をカバーします。学生さんはもう少し無頓着でいいかもしれませんが、社会人だとこれは鉄則です。

逆に言うと、**顔見知り程度の人に対しては、この「準備ＯＫ」のサインだけ出しておけば十分で、無理にしゃべる必要がないことも多いのです。**以前の私は「顔見知り」の人と会うと「何かしゃべらなきゃ！」とあせったり、「ああ、何もしゃべらないままだった……」と落ち込んだり、「しゃべる」ばかりに気がいって、このサインは出せていませんでした。

「レシピ」を開始した当初、私の頭のなかでバラバラに認識していた〈あいさつ、顔の動きや体の動きなど細かい言葉以外のパーツ〉は、すべて同じ目的（「準備ＯＫ」のサイン）のために存在したということがここでようやくわかりました。クルマの運転で、ハンドルやブレーキ、アクセルなどを別々の機会に習得し、何のためにやってるのかわからないまま操作して「うわ、なんか全体がめちゃくちゃに動いてる!! 急にガツンと止まる！」みたいな状態だったのが、「これは運転する機械で、すべての操作は自分が思う方向へ進むためにあったのだ！」とわ

図5−6 サインの適用範囲

かったというような感じでしょうか。

そうなると、自分でやっていることの見通しがつけられます。以前は正直なところ、相手の反応の意味がほぼ推測できなくて「どうしてこんな反応に……？」と困っていたのが、「自分がこうしたから、こういう反応なんだろうなあ」と推測できるようになりました。

同じくクルマでたとえるなら、「言葉」と「言葉以外」はコミュニケーションの両輪です。両方の「手持ちのカード」を増やしたことで、残っていた恐怖感・緊張・ストレスは加速度的に減り、人との関わりはじめがなめらかに回るようになりました。

顔見知りの人と居合わせたとき「何を話そう」とぐるぐる頭で考える↓余計緊張する……となっていたけれど、まず何も考えずに「準備ＯＫ」のサインを出せばよかったわけですね。これがつまり「にこっとしていればだいじょうぶ」なのでしょう。でも、私は表情から入っていくのは無理でした。「言葉」から入ったからこそ、たどりつけたのだと思っています。

5 【レシピ後／第3段階】「イヤです」のサインもある！

◆自分の無意識の行動に気づく（「準備ＯＫ」のサインより、「イヤです」のサインが多い）

そうやって好循環を繰り返し、「レシピ」を作りはじめてもうじき10年というころでしょうか……。自分自身について、問題の根っことも言うべきところにたどり着きました。

「自分は、無意識に『準備OK』のサインはあまり出さず、『イヤです』のサインをたくさん出している……」。

先ほど、「準備OK」のサインは、社会人なら「所属する集団の全員に対して出しておく」と書きました。これが、逆に知っている人に対して「準備OK」のサインを出さないでいると、「**あなたの存在を認めない（いないものとして扱う）**」「**コミュニケーションをとるつもりがない**」と、思いっきりマイナスのメッセージとして解釈されてしまうようだ、と気づいたのです。

たとえば、あいさつしない人をものすごく非難する人がいたり、犯罪が起こったとき加害者について近所の人が「会えばふつうにあいさつしてた」または逆に「あいさつもしない」などとコメントしていたりしますよね。あるいはテレビニュースなどで「何々の集まりで、誰と誰が目を合わそうともしなかった」と映像を流したりします。実は私は、長らくこれらが不思議だったのですが、それくらい「**あいさつしない、目を合わせない＝自分の存在を認めない＝怪しい、何者かわからない人」とみなされてしまう**のだとわかりました。

◆同じ「人見知り」でもここが違う？

さらに、「準備ＯＫ」のサインの逆で、これを出すと「関わりたくありません、拒否します」という意味になってしまう言葉以外のサインも存在します。ここでは**「イヤです」**のサインと呼びます。

私の友人には、「自分も人見知り」と言うけれど、私よりはスムーズに人と関わっている（ように見える。少なくとも私より早く他者とうちとける）人たちがいます。また、「別にしゃべれなくても開き直ればいいじゃない。私はそうしてる」と言う人もいます。以前から、彼ら彼女らと自分は何が違うのだろうと、ずっと考えてきましたが、**この「準備ＯＫ」のサインの少なさ、「イヤです」のサインを出しているところが違う点なのではないか？**という結論にいたりました。

それはいったい、どういうことでしょうか？

自分で「人見知り」と言う人でも、誰かと会ったときに相手がこちらに気づいて、「ここは無視して通り過ぎるのも不自然」というときは、ちゃんと「準備ＯＫ」のサインを出し、必要と判断すればあいさつに近い声かけをしたりと「気まずくない、さりげない方法」をいろいろ工夫しているようです。（**図5―7**）

ですが、私は無意識に「他人が怖いし緊張するから、人と会ったとき、相手にバレバレなやり

【室内】ヨコ・向かいに座るとき

【室内】人とぶつかりそうな狭いところを通るとき

［他］
● イスが並んでるとき
「どこに座ってもいいんですか？」

【室内】共有の設備を使う（机・コピー機など）とき

［他］
● ～（やっている作業）ですか？
● 失礼します。

ひとりごとっぽく。
● よっこいしょ、と。
● しんどいな～。

［他］
● お先に。

【室外】行き帰りなどで会った

［他］
● ちょっと急いでますのでお先に。
●（単に）お先に。
● 私、□□□（行き先）なので…。

図5–7 ひとことかける

方で人を避ける・よける」といったことをほぼ自覚なくやってきていたのです。

たとえば……

●普段から「不機嫌そうに見える」顔で下ばかり見ている。

●話すときに、にこやかな表情にならないし、視線を常に下や横にそらしている。

●人が何人かいる「輪」のなかへ入っていくとき、ほかの人たちよりも（数センチですが）「スキマ」を空けて座るもしくは立つ。

●隣に座っているとき、背を向けるというほどではないが、微妙に（5～10度くらい）体をそらしている。

●どこか共有の場所（トイレ、プリンターなど）でばったり会うと、うつむいてじっとしている、終わったらそそくさと出ていく。

●外で偶然近くに居合わせたとき、必死で反対側を凝視して相手のいる方向を見ないようにする。

●部屋へ入室するとき、ドアをわざわざ背を向けて閉める。

こうやって並べると、思いっきり「関わりたくない」つまり、**「イヤです」**のサインですね。電車などの密な場所で、まったくの他人が不自然に近くに来たときに対する態度に近いのかもしれません。

当時の私は、緊張のあまりこうなっていたようです。無意識ですから、これらの行動が周囲の人にどう思われるかまでは思いいたりません。

心のなかでは「人と仲よくなりたい、しゃべりたい」と熱望しているのです。にもかかわらず、**「でも怖い」**という気持ちだけが、はっきりと態度に出てしまっていたのです。

「目は口ほどにものを言う」ということわざがあります。人間は、そばにいる相手が自分とコミュニケーションをとる気があるかどうかは、言葉よりもこういった表情や体の動きといった「言葉以外の要素」から敏感にサインを読み取っているようです。私の「人とうまくしゃべれない」という悩みに、よく人から「自分が気にしているほど、人は他人を気にしていないものだ」と言われてきましたが、これらのサインはとても重要なので、**むしろここは〈気にしなきゃダメ〉なところなのです。**

◆「イヤです」のサインに対する周囲の反応

「この人は自分と仲よくする気がないようだけど、自分からは親しくしてあげよう」とか、「この人は一見『イヤです』のサインを出しているけれど、本当は話しかけてほしいのだろう」と思ってくれる人はいるにはいますが、非常に少数です（そして、私はそういう少数派にすがってしまった)。

「準備ＯＫ」のサインが少なく、「イヤです」のサインを出しつづけていると、当然、周囲とうまくいきません。私はなんとかしゃべりたいと思っていても、多くの人は私のサインから「この人は自分と仲よくなる気はない」と判断し、もはやこちらに対して「準備ＯＫ」のサインを出すのをやめてしまうようです。下手をすると、「いないものとして」扱われ、(相手がひとりでも複数でも)所属するコミュニティで、会話の「輪」に入る可能性が考慮されないのです。悪意ではないと思います(だって私のほうから、拒否のサインを出してるんだから)。

無意識に発したこちらのサインを見て、相手は私と話す準備をやめてしまった——だから、私は余計に話しかけるタイミングを見つけられない。あるいは必死に話しかけても、なんだか反応がはかばかしくない。第4章であげたあの地獄の悪循環に、「あいさつや言葉以外の要素」は大いに関係していたのです。

なぜ言われるのかわからなかった、「暗い」(「疲れてる」「死んでる」とも言われてました)という言葉も、いまなら想像できます。これも、**無口というよりも「準備ＯＫ」のサインのなさ、「イヤです」のサインの多さのことを言っていたのかもしれません。**「暗いってどんな?」と聞いてもはっきりした返事が返ってきたことがなかったですから。そういったサインについては、みんな無意識に身につけてきているから、言葉にできなかったのではないかと思います。あとは、もしかすると親切心で「暗い」と声をかけてくれた人もいたかもしれません。「えー？　そうですか？」「そんなことないですよお」などといったリアクションを期待して。

これらが私の想像だけとは思えない事実があります。

仕事をしていて、かつての自分くらいにコミュニケーションが苦手なのであろうお客様と関わることが時々あります。「準備ＯＫ」のサインの笑顔やあいさつを出さず、「イヤです」の硬い表情や微妙に離れた物理的距離を保っている相手に、常に笑顔で声をかけたりするのは非常にエネルギーが必要で疲れるものです。帰りにお店に寄ったりして、お店の人が笑ってくれると泣きそうなくらい癒されます。これには、かつての自分にわざわざ笑って接してくれる人は少ないだろうな、と痛感しました。

あとで知りましたが、こういうのを「相互性」と言うのだそうです。「相手が笑うから自分も笑う、自分が笑うから相手も笑う」。それが、自分には身についていなかったのです。「会話のきっかけレシピ」が「きっかけ」となって、意識することなく反射的にできるようになりました。

◆「準備ＯＫ」を増やして「イヤです」を減らす——話しかけやすい「雰囲気」

簡単に言うと、「準備ＯＫ」のサインが豊かな人は「話しやすい雰囲気」があるということなのかもしれません。それなら、「普段から、黙っているときでも」人といるときは「準備ＯＫ」のサインのバリエーションを増やして「イヤです」のサインを減らすことで、その雰囲気に近づくはず。そこで、工夫した点をあげてみました。

❶「目を心持ち開き、視線を上げる」

完全にひとりっきりのとき、集中しているときは別です。そうではなく、人が何人かいて、会話が始まる可能性があるとき（職場ならば休憩時間、始業前、始業後など）は、表情を少し「にこやかめ」にするようにしています。

具体的には、目を少し見開いて、口角を少しだけ上げる（本当に少しだけ！「ん」を発音するときの程度）。これも鏡で練習しておくといいです。そして視線を自分の目の高さか、やや上向きくらいに。その高さにしておけば、ほかの人と視線が合いやすくなります。

誰かと目が合ったとき、急いで何か言う必要はありません。もう一段階目を開いて口角を上げ、「気づきました」という表情にすれば**「準備ＯＫ」のサイン**です。それだけで終わらせてもよし、何か会話を始めてもよし、という雰囲気が作れます。

また、自分の視界を広めにとって、ほかの人が見えている程度の広さにしておくと、相手も「こちらに気づいてもらう」ことがやりやすく、結果的に声をかけやすくなります。逆に一点に視線を集中していると、「何か考えているのかな？忙しいかな？」「話すのはやめておこう」となります。こういう視線・視野はほんの少しの差でも、人間は敏感に見て察しているのだなと、自分自身の体験でよくわかりました。

❷「適度な物理的距離」

ほんのわずかな角度や距離で体をそらしたりして（無意識に）バリアをはってしまうと、**「イヤです」**のサインとしてけっこう周りの人に伝わってしまいます。電車を思い出してください。電車では知らない人と、隣りあってても必要以上にくっつかないですし、座席もすいていたらあいだを空けますね。あれは「コミュニケーションをとる気がない」からです。ですからコミュニケーションをとる気がある場合は、電車のときよりもう少し体を寄せて近づく（ほかの人を見て似たような間隔にする）。「あ、空きすぎてるな」と気づいたら修正すればだいじょうぶです。私はこれに長らく気がつかないか、あとで気がつく感じだったので、まずは「リアルタイム」で気づくだけでも大進歩です。

❸短い「時間のスキマ」

私語禁止でない職場なら、たとえば仕事中であっても、自分のキリがよくて「いまなら雑談してもいいな」と思ったら、文字どおり「手を休め」たり、軽く首を回すなどしてスキを作ります。これを意識的にやると、近くの人が話しかけてきてくれることが多々あり、私は「これだったのか！」と思いました。「聞き上手を目指せと言われたって、向こうから話しかけてもらえない」理由のひとつは、こういうスキがなかったのです。

業務時間は真面目に仕事をするのも大事ではあるのですが、ずっと手元を見て、せっせとやってしまうとスキがない＝声をかけられない。

休憩時間につっぷして寝ている人がいますが、視線も合わせられないし時間のスキマもないしで、周囲はまったくのお手上げになってしまいます。本当に寝たいならそれでもいいですが、少しは雑談をしたいのなら、せめてスマホを見るとかでもいいから顔を上げて「スキ」を作ると、自分から話すのが苦手でも向こうから話しかけてくれる機会が増えます。

こうやって書いていると、**けっきょく、タイミングや雰囲気というのは「すでにあるものを探す」というよりは、「自ら作る」**ものなんだなあと思いました。

このようにして、私は「顔見知りの人と会ったらどうしよう」「うまくいかなかった、明日からどうしよう」などと悩む時間が大幅に減りました。

かと言って、「顔見知りの人と話すときの悩みがすっかりなくなった」というわけではありません。実践すればするほど、限界もよくわかりました。

次の章でお話しします。

会話のきっかけレシピ

第6章

「会話のきっかけレシピ」と歩く

1 自分に足りなかったもの

第4章と第5章で、私が背負いこんだ荷物をひとつずつおろしていき、動きやすくなったと書きました。

そして、10年以上「レシピ」を実践してきたいま、「荷物」はすっかりなくなったわけではなく、小さくなったものの残っていることに気づきます。**図4—1**の「第3段階」です。でも、小さいわけですから、振り回されずにやっていく方法もわかってきました。

第5章4・5で書いた、「準備ＯＫ」や「イヤです」などのサインの出し方も第3段階です。もともとは「なにげない雑談」について集めていた「会話のきっかけレシピ」ですが、思わぬところまで発見は広がりました。最後に、私ができるようになったこと、どうしようもないことなど、「レシピ」と一緒に歩く現在についてお話しします。

◆自分に足りなかったのは「グラデーション」「あいだ」

もとの悩みで大きかったのが「人とくっつきすぎるか、まるで他人かになってしまう」でした。当時は客観的に説明できる言葉がなかったのですが、最近になって「自分にはグラデーションがなかったのだ」と気づきました。

【例】

まったくの他人——仲がよい
警戒している——心を許す
会話ゼロ——よくしゃべる
すぐ遮断する——すぐ飛びつく
全然接点がない——好きなもの・価値観が一緒
完全に避ける——常に一緒
黙っている——自分のしゃべりたいことだけしゃべる
素知らぬ顔——やたら親しげ

私は、他人と出会ったとき、これらの上下極端な関わり方しかできませんでした。正確に言うと、右に並べた概念に「あいだが存在する」とは知りませんでした。確かに「友だちがひとりもいない」とは違うので、完全な孤独に比べればいいと思われるかもしれませんが、どちらか極端しかない世界はつらいものでした。

では、この**「あいだ」をどうやって作ればいいか、というとそれが「雑談」だったのです。**

◆「しゃべらなきゃプレッシャー」の呪い

私は「自分がしゃべらないからダメなのでは?」「とにかくしゃべらなきゃ」と思いこんでしまったわけですが、これもどういうことか、いまならわかります。「しゃべる」という言葉の意味にとらわれすぎだったのです。

しゃべる＝自分が口を開けて言葉を発する。そのように思っていましたので、「自分がたくさんしゃべらなきゃ」「面白い話をしなきゃ」「聞かれたことに答えなきゃ」「天気とかわかりきった話題はダメ」「質問すればいい」といった「自分がコトバを発する」ことに必死になっていました(自分ルール1と2)。

でも、実は「雑談」は、言葉を使っているけれど**言葉どおりの意味はあまり重要ではない**のです。あくまで、大事なのは**「互いに投げて、受ける」**という双方向の行為です。そういう意味では、第5章の「準備ＯＫ」のサインに限りなく近いわけです。会話はよくキャッチボールにたとえられますが、「たわいのない」・「ムダ話」と、ときには不要なもののように扱われる雑談であってもそうなのです。

そう考えると、声かけの内容も**「いま、相手が受け取りやすいボールを投げる」**ことがいちば

初期に作ったレシピ例。上のⒶⒷⒸはすべて自分のことを話しています。これでもいいですが、右のようにいったん「そうですね」と受けて相手に投げ返すほうが、話がはずむとのちに気づきました。

図6−1 前日急な雨があったときのレシピ

ん大事なんだとわかってきました。

そもそも会話の内容にしても、以下の上下のように分断していて、あいだが存在しないもののように思っていました。下側の極端な部分しか会話のネタに使っていなかったのです。

雑談——用件（言う必要がない—ある）
興味がない——興味がある
見たまんま——見た目だけではわからない

が、実際には、**「雑談は、あいさつ以上用件未満」で、雑談と用件はグラデーションでつながっていた**のです。

私は「誰でも、見たまんまのことは、見ればわかるからあえて話題にはしないもの。すなわち言葉にして話すのは、（見た目だけではわからなくて）聞いてわかること」と思いこんでいたフシがあります。でも、実際には「見たまんま——見た目だけではわからない」もグラデーションになっています。そして「顔見知り程度」の人が相手だと、私の思いこみとは正反対に、「見たまんま」の話題から始めるのがいちばん無難にキャッチボールを成立させることができます。なぜかと言うと「もっとも個人差が少ない〝共通の話題〟」だからです。つまり、「もっとも個人差が少

［他］

こないだ
お会いしたの、
いつでしたっけ？
先月？

○○さん、
きょうは
××（予定）ですか？

［他］

もうお昼（夕方）
おなか
すきましたねー。

もう6月！
ことし半分
終わったんですねー。

日が暮れるの
早く（遅く）
なりましたねー。

やっと
金曜ですねー。

図6−2 見たまんまのレシピ

ない＝もっとも万人が受け取りやすい」。

見たまんまのことには、天気や暑さ寒さ以外に、時間、ニュース、いまいる場所、「いま、自分たちがやっていること」や「互いの持ち物や服装」などがあり、実は「会話のきっかけ」として非常に便利です（たとえば、わかっているけれど「＊＊さん、今日は○○（予定）ですか？」「＊＊さんと会うの久しぶりですね、前に会ったのいつでしたっけ」とか）。

共通の話題・接点と言っても、このようにグラデーションがあります。私は「レシピ後」しばらくあとも、雑談する際に「相手と共通の話題や接点」と言えば、極端な「同じ趣味や価値観・考えの話題」しか思い浮かばなかったのです。だから、それがなさそうな人と一緒にいるときは「越えられない壁」があるように感じていました。が、この考えだと雑談できる人なんてめちゃくちゃ限られてしまいますよね。

◆段階を踏んで距離感を調整する

私は、就職活動でカンチガイをして「相手に興味を持って話しかければＯＫ！」「フレンドリーに近づけば誰でも仲よくなれる！」と思いこんでしまいました（自分ルール3）。それまでは「すごく親しい――まったく他人」だったのを、無理やり全員「すごく親しい」に寄せようとした感じです。「グラデーション・あいだ」という発想がなかったからです。

10年以上たってわかりました。実は、人はたわいない言葉を**「投げて、受ける」を繰り返して、互いにちょうどいい距離や話題の調整をしている**のです。しかも、言葉だけでなく、第5章で書いたように言葉以外の要素（体を近づける・目を合わす）、あいさつ、雑談、と細かくステップを踏んでいるのでした。

また、ひとくちに「たわいない雑談」と言っても、話題は「見たまんま」から始まってキャッチボールを繰り返しながら少しずつその範囲（つまり接点！）を広げていきます。最初はあくまで、狭い範囲に球を投げながら、「この話題は避けたほうがいいな」とか「もっといろいろ話せそうだな」とか、実に細やかに「互いに投げてもいい球の範囲」の微調整を繰り返します。**天気や時間を話題にするように、実は「この話題に興味があるかどうか」は二の次のことも多い**のです。「大切なのは投げて、受ける」ですから。ここも、自分ルール３「雑談とは、相手に興味を持って話しかければＯＫ」とは違っていました。

やがて、話が合いそうだなと互いに確認できたら「共通の趣味・価値観・考え」なども話すかもしれませんし、合わなさそうだと思ったら・あるいは単に機会がなければ、天気やニュースの話題あたりで終始してしまうこともあるでしょう。そのバリエーションを追いかけはじめたら、「雑談」から超えて、論文が書けそうな長大なテーマになりますのでやめておきます。

就活直後の私は、これらの微調整を完全にすっとばして（知らなかったので）、いきなり「調整

図6−3 レシピ後第1〜2段階のイメージ

ずみの人」同士のように親しく話しかけようとしたのです。これは無理ですね。

つまり、私たちは出会った人と、**今後どんな距離感でつきあうにしても、なにげない雑談が大半という時期を必ず通ります。**その後仲よくするかもしれないし、しないかもしれない。一緒に何かに取り組むには、雑談以外の会話ももちろんしなければいけない。でも**なにげない雑談をしなかったら、それより先に進むのは非常に難しいのです**（ゼロではありません。かつて私が力ずくでやっていたように）。それがよくわかりました。

◆そして、カベのコントロール方法がわかる

そうしてついに、あの第1章でお話ししたイメージ「心理的なカベ」も、永遠に越えられなかったり、へし折ったりするものではないということがわかってきました。

図6‒4「レシピ後第3段階」のイメージ

図6‒5 現在のイメージ

これまで、「カベを無理やりへし折る」または「越えられないカベ」しか知らなかった私ですが、「会話のきっかけレシピ」を使いつづけることで、少しずつそれ以外の方法が見えてきました。

まず、「なにげない雑談」として、天気のような「個人差が少ない共通の話題」をかわせば、これまで「接点がない」と思いこんでいた顔見知り程度の人とも、少しカベが下がります（**図6—3**）。「レシピ」のおかげで、誰に対しても少ないなりに接点が見つかったわけです。

「レシピ」を使いつづけて10年くらいたち、多くの人は、接点がありそうかどうかといった見た目の印象と関係なく、どんな相手とでも「準備ＯＫ」のサインと「なにげない雑談」を繰り返すことで、カベを微調整しているのだとわかりました。カベは不動のものではなく、**段階を踏んで調整するもの**だったのです（**図6—4**）。

それがわかると、カベというものに圧迫感を感じなくなります。

いまは**図6—5**のように親密な人ほど低く、共通の話題が少ない人とはそれなりに高く……と、人との心理的な距離感に段階（グラデーション）をつけられるようになってきました。しかも、「カベはいつでも状況に応じて調整できるもの」ということがわかっていますから、1回や2回の失敗で「これからどうしよう」と過剰に心配することもありません。

もちろん「とても上手」になったわけではなく、「ある程度」であって、いまだに悩むこともあります。でも、0か100かで苦しんでいた時代に比べると大進歩です。

2 雑談とパソコンは似ている

◆インストラクターの「しゃべる」とは

私は「人が怖い」という時期から、パソコンのインストラクターの仕事をしてきました。仕事を聞かれてそう答えると、雑談はふつうにできても「人前で話すのは苦手だから、私にはムリ！」と言う人もいますが、私にとっては人前で話すほうが雑談より100倍ラクなのです。

なぜかと言うと、「事前に準備しておけるから」「しゃべるのは自分だけだから」これに尽きます。

雑談は、事前準備ができません。いくら「手持ちのカード」を増やして、このあと会う人には「絶対」天気の話をしよう！と意気ごんだとしても、うまくいかないこともあるのです。TPOに応じていないと（過去の私のように）おかしなことになります。相手の反応だって、そのときの気分やコンディションでも変わりますから、思いもよらないことだってあるでしょう。

でも講座であれば、話すのは私ひとり。聞いている方々の反応によって適宜変えてはいきますが、人と双方向にしゃべるわけではないので、考慮に入れる要素が雑談より少ないのです。

インストラクターとして数人～数十人の前に立つときは、自分が場の主導権をにぎることになります。そして集団を、少し客観的に眺める立場になります。場のなかにいながら「空気を読む」ことができない私でも、場の少し外側から「空気を読む」ことはできました。そこで発見したことをお話しします。

◆あいさつがないと雑談が始まらない

私はあいさつの意味がわかっていなかった、と第5章で書きましたが、あいさつの重要性はインストラクターの仕事をして初めてよくわかりました。

私は「レシピ」で学んだことを生かし、開始時刻よりもだいぶ早めに教室に入って、あとから入ってくる受講生にはその都度「おはようございます」「こんにちは」とあいさつすることにしました。帰りも同様です。私が担当するパソコンの講座は、数日間から長くても3か月で終わる短いもの。職場と違って「終わってしまえばそれっきり」な関係のためか、誰にもあいさつしない受講生もそれなりにいます。が、講師の私が必ず大きめの声であいさつすると返事をしてくれますし、数日するとその人のほうから、教室に入るときにあいさつをしてくれるようになります。

このあとが私にとっては大発見だったのですが、そうすると、これまで没交渉だった受講生同士もあいさつをかわすようになるのです。そしてあいさつをするようになると、席の近い人同士で雑談が始まります。

あいさつの効果ってこういうことだったのか、とよくわかりました。逆に言うと、あいさつしないままその場にいる人同士で雑談を始めるのは難しいのです。

◆雑談をしていると、質問しやすくなる

受講生の反応や理解度は、単にこちらが一方的に話し、パソコンを操作してもらうだけだとなかなかわからないので、休憩時間や始まり・終わりのときなどにさりげなく声をかけて聞くようにしています。はじめのころは、「何かわからないことがあったら聞いてくださいね」といった声かけをしていました。でも、この言い方で質問をしてくる受講生はほとんどいないのです。

あるとき、先輩インストラクターが、「毎日、必ず受講生全員とあいさつもしくは何か会話（雑談）をする」という目標を立てていると聞きました。多いときは数十人です。「私にはとても無理」と思いました。そこで、かなり消極的なのですが「ひとつの講座が終わるまでには、全員と何かしら会話をする」という目標を立てました（それまでは、受講生からの質問に答える以外は個別に会話をしないまま講座を終えることもありました）。

毎日、少なくともひとりと、「どこから来られてるんですか？」とか「寒いですね〜」など、講

義内容とまったく関係のない雑談をするようにしたのです。

そうすると、「質問って言うほどじゃないけど、ここがモヤモヤしてる」とか「パソコンを買おうと思っているのだけど……」などと、受講生から話してくれるようになりました。なかには、こちらからそんな雑談をしかけて初めて、怒濤のように質問をしてくる人もいました。講義中に「質問があったら聞いてくださいね」と繰り返していたのに……。人は、一度も会話をしたことのない人に何かを尋ねることに心理的抵抗があるのかもしれません。

また、不満や不安があったとしても、日ごろからちょっとした会話をしているほうが言いやすいらしく、クレームの芽をつむことができるようになりました。

◆できたほうがいいのか、できなくてもいいのか

パソコンのスキルと雑談のスキルは似ています。どちらも職場で求められますが、職場によって必要度も内容も違うので、はっきりとした基準がないのです。

雑談も、「しゃべるのが苦手」とひとくちに言っても、いま自分がどれくらいできているのか、また自分の職場や学校でどれくらいが求められているのかははっきりしていませんよね。私も、はっきりしないから余計不安でした。

「会話のきっかけレシピ」を作ってみて、私にとっていちばんの収穫だったのは、**「自分はどれ**

くらい、理想と現実にギャップがあるか」「自分はどれくらいできるようになりたいか」が見えてきたことでした。

いろんな「レシピ」を並べてみると、いかに自分がとっさの「返し」や「声かけ」ができていないか、痛感しました。また実際に使ってみると、「誰とでも気軽にしゃべれる」「すぐにうちとける」みたいな高すぎる目標は「自分には、そこまで必要ではない」とよくわかったのです。だから、**たくさん「レシピ」を集めたものを人からもらうだけではダメで、自分で集めて実践することに意味があるのです。**

また、パソコンに関しても、「パソコンできる＝仕事ができる」ではまったくないですよね。いろんな能力のうちのひとつのはず。雑談も同じです。

じゃあ「雑談なんてできなくてもいい」かと言うと、そこまでは言いきれない。「できるけどやらない」と「できないからやらない」は大違いなのです。

必要性をわかっていて、必要に応じて使える、いらないと判断したら使わない……これがいちばん自分自身にとってラクなはず。そのためには、やはり「最低限のレベル」は身につけているほうがいいのではないでしょうか。つまり、自分で「いま自分は、ここまではできている」とわかるレベル（ホントにできていないと、それすらわかりません）。私は、「パソコンの最低限のレベル」を講義しながら、「レシピ」を使って最低限の雑談を身につけてきた……と、こういう感じになります。

◆あいづちについて

「レシピ」では「オウム返し」以上に踏み込まなかった「あいづち」に関しても、少し触れておきます。

基本的には、「レシピ」で得た発見――「オウム返しでいい」および「会話は一往復で終わってもいい」を積み重ねてきました。そうすると**「沈黙を恐れない。長いおしゃべりよりも短い共感」**ということがわかってきました。いわゆる「聞き上手」とは、この「共感」や「反応」を示して先を促すのがうまいことなのだろうと思います。

これもだいぶあとに気づいたのですが、私は雑談でしばしば「そうなんですか返し」をしてしまっていました。オウム返しがうまく適用できないときに、「そうなんですか」と返事してしまうのです。場の流れやニュアンスによりますが、ボソッと「そうなんですか」と言うだけだと「はい、話はここでおしまい」と打ち切る印象大だよなあ、と反省しました。そこで、聞き上手にはなれないにしても、自分なりに話を続ける「あいづちのバリエーション」を編み出しました。

❶「そうなんですね～」

「そうなんですか」ではなく「そうなんです〝ね〟」と言う。しかも少し語尾を伸ばす。意外とこれだけで、打ち切るニュアンスが減ります。ニュアンスとは実に奥が深い……。

❷手で、相手が話していることの身振りをする

たとえば、相手が野球の話をしていれば「はい、はい」とあいづちを打ちながらバットを振るそぶり。パソコンの話題ならキーボードを打つそぶり。あんまり大げさにやると馬鹿にしているようで不自然ですが、手だけで小さくやってみせると、「うんうん、野球の話ですね」みたいな感じになって、（相手はどう感じているかわかりませんが）若干「間がもちます」。そして面白いことに、自分も「ああ、野球の話だな」などと納得できるので、相手の話がよく頭に入るのです。

❸面白いとか、すごいと思ったことは素直にそう言う

面白いな、すごいなと思ったことは「へえ！ 面白いですね」「すごいですね！」「うわー大変！」などと口に出して言うようにしました。続けていると、**それまでの自分が、いかに相手の話から感じたことを態度に出していなかったかよくわかりました。**やたらとウケたり、大げさなセリフを言ったりは必要ないかもしれませんが、こういうリアクションがあるとないとで相手の話しやすさはかなり違うようです。

3 私は「雑談上手」にはなれない

◆「レシピ」は万能ではない

私が「雑談上手」にはなれないし、ならなくていいや、と思った理由のひとつを書いておきます。

「会話のきっかけレシピ」を作りはじめて10年以上。ここ数年で、自分のコミュニケーション能力自体とは別に、はっきりとわかったことがあります。何をするにせよ、「同時並行で何かを行うのが極端に苦手」なのです。何かをしているときに、もうひとつ別のことをしようとすると、一気に作業速度が落ちてミスを連発します。

昔のパソコンはメモリをあまり搭載していなかったので、ひとつのアプリを起動しているあいだはストレスなく動いていたのに、別のアプリも起動したとたんにガクッと速度が落ちたりしました。あるいは車を運転していて、スピードを適切に下げないまま不用意にギアを下げると「ガクッ」と押さえつけられるように減速する感じがします。ああいう感じに近いです。

ここまで読んで、お気づきの方もおられるかもしれませんが、私は軽度の発達障害（ASD）

です。診断を受けたのは15年くらい前になります。それまでも「なんかわからないけど、とにかく何もかもしんどい」とは思っていました。が、はっきりと自覚していたのは「対人関係のしんどさ」だけで、あとはそもそも自覚がありませんでした。

ですので、診断を受けた当時は「あー、だから人間関係がうまくいかないんだ」くらいの認識でした。

でも発達障害というのは、本人・周囲の人とともに「気づきやすい」のがコミュニケーションの問題なだけで、仮に家のなかでひとりでいたとしても、対策しなければ困ることはいろいろとあるのです。「レシピ」で対人関係がだんだん改善されてくると、ほかの困りごとにも気づくようになりました。そのひとつが同時並行処理のできなさです。

たとえば、私は「歩きスマホ」がまったくできません。「危険なのでやめましょう」と言われていますが、けっこう多くの人がやっていますね。私は、歩きながら携帯電話で話す・画面を凝視すると、200%何かにぶつかるか、内容が頭に入らないかのどちらかになるので、携帯電話を使うときは必ず安全な場所で立ち止まります。

では、同時並行処理が苦手だと、雑談にどう影響するのでしょうか。

「たわいのない雑談」は打ち合わせなどと違い、しっかり向きあって話に集中するのではなく、けっこう「ほかのことをしながら」のことが多いです（多くの人には、「ながら」ではなく、ほぼ無意識にできているらしいので、「ながら」ではないと思うらしいですが)。

「会話のきっかけレシピ」を始めてから、かなりいろいろと「ながら雑談」を試しました。でも、雑談できたと思ったら肝心の自分がやっていることを忘れるのです。

たとえば……

●エレベーターに乗りながら雑談→降りる階のボタンを押し忘れる、降りる階を忘れる。
●いっしょに持ち場へ向かいながら雑談→持っていくべきものを忘れる。
●パソコンで文字を打ちながら雑談→打ってる内容としゃべってる内容がごっちゃになる。

そして、いちばん多くていちばん困る場面は、
●食べながら雑談する→食べるか、しゃべるかのどっちかしかできない、です。

ですので、「親睦を深めるための飲み会」は、しかたなく飲み食いはあきらめてしゃべるほうだけに集中することになります(あまり気を使わなくていい場合は、ひたすら食べていたり……)。

多くの方々は、酒の席で「食べ、飲み、かつ相手のペースをも気づかいながら雑談」できるようですね。私はどんなにトライしてもできるようになりません。

いまあげたようなことは、たまにならば「あるある」かもしれません。「おしゃべりに夢中に

なって、エレベーターの降りる階のボタンを押し忘れた」なんて体験は、多くの方がお持ちでしょう。でも、「暑いですね～」「ホントにね」で終わる一往復の会話くらいならば、会話に熱中するほどのことはないので忘れないようですね。

私は残念ながらどんなにやってみても、9割くらい「雑談ができたら、何かを忘れる」となってしまいました。

ただ、相手と話すのに慣れてしまうと、少しはマシになります。いちばん難しいのは、やはり「顔見知り程度の人」。どうもタイミングをはかったりするのに気をとられて、ほかのことがすっかりお留守になってしまうようです（「いま」自分が意識を向けたこと以外がすっ飛んでしまうので、いわゆる優先順位は関係ありません。お店のレジで会計しておつりを財布に入れるのに気を取られ、商品を受け取らずに帰ろうとして呼び止められることもよくあります）。

これでは仕事にならないので、私が雑談をするのは、自分がいま何もやっていない・もしくはすべての準備を完了した状態に限るようになりました。ただ雑談の必要性は痛感しているので、たとえばこのあと「いっしょに持ち場へ向かう」ならば、あらかじめ持ち場へ自分の荷物を持っていっておき、おもむろに部屋へ戻って雑談に加わる……など下準備をして、雑談時間を確保しています。かなり効率が悪いし、ばれたら「キモイ」と思われるかもしれませんが、これである程度うまくいっています。

そういうわけで、私は、けっきょく「雑談上手」にはなっていません。「会話のきっかけレシピ」の展示をしたとき、主催者のほうで「雑談上手になれるかも?」などと見出しを付けていただくことが多かったのですが（そういうニーズが多いのでしょう）、私自身がなれていないのです。自分の能力を考えたときに、「雑談上手」を目指すくらいなら、ほかの得意なことを伸ばすのにエネルギーを振り向けたほうがいいのでは？と思うようになりました。

また、複数人数でのおしゃべりも、同時並行処理の最たるものですから、こちらもかなりあきらめの気持ちがあります。でも、複数人数は一人ひとりから成り立っているので、1対1で話せればそれでいいか、とも思います。

とはいえ、職場ではこの能力が求められることは多いですよね。だから私は、複数の人たちとおしゃべりする状況になると、こんな工夫をしています。

●基本は表情やしぐさで「準備ＯＫ」のサインを駆使して、聞き役に徹する。

●おもしろいときは一緒に笑う。それまで黙っていても、笑ったり驚いたりといったリアクションをきっかけに、「ねえ？ びっくりしますよね？」などと話をふってもらえることも多い。

●話している人たちの「閉じた輪」ができている場合、そこへ無理やり入らなくても、体をややそちらへ向けて、「聞いてますよ」というのがわかるようにする。

そして、大事なことが二つあります。

●まず、複数人数での会話ではほとんどしゃべらなくても、メンバーのひとりとどこかで一緒になったときに、小さな会話のきっかけを積み重ねておくこと。

●そして、「本来やるべきこと（仕事や勉強）」を、手を抜かずにていねいにやる。

こうしておけば、「コミュニケーションをとる気がある」「仕事はちゃんとやる」というのは周囲に伝わりますので、あせる必要はありません。

なお、実を言うと私は、「雑談で楽しむ・楽しませる」ということもあまりできていません。「ここまで来てそれ!?」とがっかりされるかもしれませんが、残念ながらそうなんです。私が仕事の場で雑談をするいちばんの理由は、業務を円滑に進めるための意思疎通をしたいから、なのです。

◆「会話のきっかけレシピ」という杖

あっ、「な〜んだ！」と本を放り投げないで、もう少しだけ聞いてください。

雑談を楽しむところまではいかない私ですが、仕事の場やお店などで笑うことは確実に増えました。**気の利いたセリフやおもしろい冗談を言わなくても、「レシピ」レベルの会話で人は笑顔になるものなんです。**笑顔を必死で作っていたころと違って、自然に笑顔が出るようになると、つられて気持ちも楽しくなります。

以前の私は対人不信や人の好き嫌いが激しかったのですが、「人って案外悪くない」と思えるようになり、人の食わず嫌いも減りました。「減りました」なので、ゼロではないのですが……。そして、雑談で困らなくなると、ようやく「言いたいことをちゃんと伝えるにはどうしたらいいか」「相手に気持ちよく話してもらうには、どんな工夫をするか」といった、以前には手が届かなかったコミュニケーションの課題に取り組む余裕が出てきました。

実はいちばん嫌いだったのは自分自身で、自分とうまくつきあえなかったのですが、**「会話のきっかけレシピ」で自分と折り合えるようになって、ようやく他人とのつきあい方へ目線が向くようになったわけです。**

そういうわけで、「レシピ」は私の「杖」みたいになっています。ひとふりで変身できる魔法の杖ではないけれど、これがあれば晴れの日も雨の日も歩いて行ける。転びそうなときも支えられる。これからの人生も、「レシピ」が必要なくなる日はないと思います。

あとがき

こんな本を書いた私のことを「コミュニケーション至上主義者」と思われる方もいらっしゃるでしょうが、本文にも書いたとおり私自身は、世間の「コミュ力を持て」とか「コミュ力が低いとダメ」といった圧力はシンドイなあと思っています。

その圧力に追い詰められてきたからこそ、「人様に責められたり、孤立したりしないですむ、最低限のレベルを身につけたい」というギリギリの状態を目標として雑談を収集しはじめたのです。本当に低レベルからのスタートでした。

雑談に「正解」はありません。だから、上手とか気が利いているとかよりも「自分を知り、自分に合ったものを選ぶ」のがいちばんいいのでしょう——と、こう書くとすごく簡単そうですが、私にはこれが大変でした。たとえば、好きな服と似合う服は違うとか、好きな料理と自分の健康にいい料理は違うとか、使いたいお金と実際に持っている金額が釣り合うかは別だとか、そういうことに似ています。管理栄養士やカラーコーディネーター、フィナンシャルプランナーなど、「あなたに合った最適なプラン」を考えてくれる専門家が雑談には存在しないこともあって、私はおそろしく遠回りしてしまいました。

この本を読んで、もう少しお手軽に、自分に合った会話のし方や人づきあいを振り返ってもらえたらと願っています。

この本は、たくさんの方々の協力によってできあがりました。

自分のために作った「レシピ」を1冊の本にまとめる道のりはなかなか長く、弱気になったり気負いすぎてカラ回りしたりと、迷走する私を粘り強く励まし、サポートしていただいた大月書店の角田三佳さんに、心からお礼申し上げます。この本を作るにあたって、角田さんとの「雑談」が多いに役立ったことを付け加えておきます。

デザイナーの古村奈々さん、素敵すぎるデザインをありがとうございます。特に第3章は、素人の私が作った「展示用レシピ」が驚くほど見やすく変身していて感動しました。

そのほか、「レシピ」展示やワークショップ開催などで多大なお世話になっているAダッシュワーク創造館の高見一夫館長と事務局の皆様（とくに就労支援担当の田中・竹本・勝チームとまちライブラリー担当の川﨑・鍋島コンビ）、文章の書き方について何かとアドバイスをいただいた朝日新聞社の石前浩之さん、学生時代から変わらずビシビシと本当のことを言ってくれる新潮社の西麻沙子さんにお礼申し上げます。

さらに「レシピ」を提供してくださった姫野博さんをはじめとする勉強会の方々、友人知人の方々など、まだまだ書ききれませんが、皆様に感謝申し上げます。

２０１９年４月

著者
枚岡治子（ひらおか　はるこ）
1975年大阪府生まれ。大阪市立大学大学院前期博士課程修了後、IT企業に勤め、現在はパソコンインストラクターおよびライターとして活動。「普通」と福祉・医療のスキマにできる悩みに関心がある。

装幀　古村奈々

雑談の苦手がラクになる　会話のきっかけレシピ

2019年5月15日　第1刷発行

定価はカバーに
表示してあります

著者　枚岡治子
発行者　中川　進

〒113-0033　東京都文京区本郷2-27-16
発行所　株式会社　大月書店

印刷　三晃印刷
製本　中永製本

電話（代表）03-3813-4651　FAX03-3813-4656／振替 00130-7-16387
http://www.otsukishoten.co.jp/

ISBN978-4-272-42018-6　C0011 Printed in Japan